JN087838

ボーダレスエコノミーと特許権の属地性

日本工業所有権法学会編

日本工業所有権法学会年報　第 47 号

有　斐　閣

目　　次

Ⅰ　研究報告

デッドコピー規制による現代衣服デザインの法的保護の現状と在り方
　　──イギリス法と日本法の比較検討──
　　……………………………………………………山　本　真祐子……　1
デジタル変革とソフトウエア関連発明の特許適格性についての一考察
　　……………………………………………………吉　田　悦　子……　23

Ⅱ　シンポジウム
ボーダレスエコノミーと特許権の属地性

特許権の属地性………………………………………駒　田　泰　土……　41
　　──ドイツ法の現状からみえてくるもの
米国における特許権の越境侵害……………………愛　知　靖　之……　62
特許権等の属地性「実務の視点」…………………山　内　貴　博……　83
国境を越える特許権侵害……………………………横　溝　　　大……　98
　　──抵触法の観点から

Ⅲ　質疑応答………………………………………………………………　115

Ⅳ　論説

プログラムの保護について…………………………中　山　信　弘……　137
特許権侵害と国際私法の基礎に関する一考察………種　村　佑　介……　158
　　──保護国法をめぐるウルマーとマルティニーの所説を中心に──

Ⅴ　その他

学会記事………………………………………………………………………　177
学会規約………………………………………………………………………　184
維持会員名簿…………………………………………………………………　187

デッドコピー規制による現代衣服デザインの法的保護の現状と在り方——イギリス法と日本法の比較検討——

山　本　真祐子

I　序章　（問題の所在）

　近年，ファッションデザインの保護にかかる議論が増加している[1]。従来は，模倣の利益が強調される傾向が強かったが[2]，近年は技術発展により，迅速かつ精度の高い模倣が，低コストかつ大規模で行えるようになり，模倣を問題視する傾向も強まっているのである[3]。もっとも，模倣によってトレンドを生み出すというファッションデザインの性質上，いまだ模倣の利益を考慮する必要がなくなったわけではない[4]。いかなるバランスでその保護を検討していくかが肝要となろう。

　のみならず，ブランド・デザインの多様性も踏まえた検討も必要である。その市場は細分化されており[5]，模倣の利益を強調する立場に親和的なブランドから，これを問題視する立場に親和的なブランドまで存在するため，これらを十把一絡げにして論じることは適切でない。また，デザインの多様性については，その性質が必ずしも事前に，一義的に決まるとは限らないことにも留意が必要である。例えば，衣服は，季節性・トレンドに影響を受けやすく，一般的にはライフサイクルが短いと考えられるが，事前に予測しえない要因でヒットし[6]，定番品としてライフサイクルが長期化することもありうる。そうすると，その性質毎に，事前に保護の態様を決めてしまうことも，必ずしも適切ではないであろう。

　以上のとおり，ファッションデザインの保護の在り方を検討するにあたって

は，多岐にわたる目配りが必要となるが，本稿では，一般的にはライフサイクルが短いことが多いと考えられる現代の衣服デザイン（以下，単に「衣服デザイン」という。）に焦点を当てた検討を行う。なぜならば，相対的にトレンドの影響を受けやすく，模倣の利益とその弊害という独特の対立軸を最も意識しなければならないデザインと考えられるためである。

　以下，まずはわが国における衣服デザインの保護の現状を概観し，その課題を検討する。

II　日本における衣服デザインの保護の現状と課題

第1節　不正競争防止法2条1項3号以外の制度による保護

　デザイン保護の王道である意匠権と，衣服デザインの保護は相性が悪いとされる[7]。意匠権の取得には出願・登録手続きが必要であるところ，特に日本のように実体審査を行う場合には，ライフサイクルが短いことの多いファッションデザインの保護に活用しにくいのである[8]。また，ファッションビジネスにおいては，1シーズン毎に多数のデザインが展開されることが多いが，いずれのデザインがヒットしてライフサイクルが長期化するかの予測を事前になすことが困難であるなかで，その全てにつき費用・手間をかけて意匠登録出願をなすことは現実的でない[9]。ライフサイクルが長いもののみ意匠権を取得しようにも，ライフサイクルの長期化は事前に予測しえないことが多い一方で，意匠権の登録要件においては新規性（意匠法3条1項），非容易創作性（同条2項）等が要求されるため，原則として後追いでの出願は叶わない[10]。したがって，意匠権による衣服デザイン保護は，十分とはいい難い。

　そこで，出願・登録なくして意匠権よりも長期間の保護が可能な，著作権による保護を検討すると，衣服デザインのような実用品のデザインに著作物性が認めないのが，裁判例の基本的傾向である[11]。したがって，少なくともわが国において，著作権による衣服デザイン保護は期待できない。

　同様に出願・登録が不要な，不正競争防止法2条1項1号の規律等について

も，周知性等のハードル故に，保護される衣服デザインは限定的である[12]。出願・登録が必要であるものの，意匠権と異なり新規性等の要件が課されないため，後追いで権利取得が可能な商標権についても，識別力獲得のハードル（商標法 3 条 2 項）は高く[13]，やはり衣服デザインの保護を期待することは難しい。

　以上のとおり，衣服デザインは，意匠権，著作権，不正競争防止法 2 条 1 項 1 号等，商標権によっては，十分に保護されているとはいい難い。

第 2 節　不正競争防止法 2 条 1 項 3 号による衣服デザイン保護
第 1 款　は じ め に

　そこで，以下では，出願・登録なくして，3 年間という限定的な期間の保護をなしうる不正競争防止法 2 条 1 項 3 号にかかる規律（以下「デッドコピー規制」という。）による衣服デザイン保護の現状を概観する。

第 2 款　保護要件——新規性・非容易創作性等の要否——

　デッドコピー規制では，「商品の形態」（不正競争防止法 2 条 1 項 3 号）であること以上に，意匠権の新規性・非容易創作性のような保護要件は条文上要求されていない。しかし，保護対象たる商品の形態から「同種の商品が通常有する形態」が除外されていた 2005 年改正前において，実質的に非容易創作性のような要件を課したうえで，ノースリーブカットソーの形態につき保護を否定する裁判例が存在した（東京地判平成 17.3.30 判時 1899 号 137 頁［フリルカットソー一審］）。一方で，かような判断手法を否定し，商品を全体として観察して「同種の商品が通常有する形態」該当性を判断すべきとしたうえで，結論としても保護を肯定した裁判例（知財高判平成 17.12.5 平 17（ネ）10083［フリルカットソー二審］，東京地判平成 16.9.29 平 16（ワ）5830［チェーン付きカットソー］）も存在したところ，その後同改正によって「同種の商品が通常有する形態」を保護対象から除外する文言が削除されるに至った。

　同改正により，非容易創作性のような要件を要求しないことが明らかになっ

たとされていたが[14]，近時，一定地域における新規性を要求するに等しい判示をなす大阪地判令和 2.12.3 令元（ワ）5462［プリーツトレンチコート］や，傍論ながら，従来商品形態から容易に着想し，制作できるありふれた形態につき，当該「原告商品」「の形態を模倣した商品」該当性を認めず，その保護を否定する大阪地判令和 5.10.31 令 4（ワ）6582［パール付き衣服］（原告商品 1・2 にかかる判断）が登場するに至っている[15]。

このうち，前者は，請求人自身が，訴外中国メーカーの商品形態を模倣した者である可能性を否定はできない事案との評価も可能であり[16]，そうであるならば，模倣者については何らかの手法で保護を否定してきた従来裁判例の傾向[17] に沿うものといえる。しかし後者は，請求人の商品である原告商品 1・2 と実質的に同一の従来商品形態は存在しない，すなわち請求人を模倣者と評しえない事案であるように思われる。そうすると，非容易創作性を保護要件とするに近しい判断をしたものと考えうる[18]。

もっとも，実用性やトレンドによる影響が強いために開発の幅が狭いなかで，互いに切磋琢磨して新たなデザインが生み出されているという衣服のデザイン開発の実態[19] に鑑みると，かように高い保護要件を課すことが，その開発インセンティヴに対する適切な支援といえるのかには疑問が残る[20]。

第3款　保護範囲――装飾的形態の共通性を重視する判断の正当性・部分や抽象的共通性を重視することの可否――

実質的同一性（不正競争防止法 2 条 5 項）を誰の視点で判断すべきかについては，学説・裁判例で見解が分かれている[21]。もっとも，より重要なことは，いかなる相違があれば，衣服デザインの実質的同一性が否定されるのかという具体的判断であろう。

そこで，裁判例の事案と結論に着目した分析[22] をなしたところ，装飾的形態[23] が存在する衣服においては，装飾的形態に有意な相違がない場合には原則として実質的同一性が肯定されるが[24]，装飾的形態に有意な相違がある場合には原則として実質的同一性が否定されるという傾向を見出した[25]。ただ

し，例外的に，原・被告商品における共通形態が従来商品にみられない形態で
あるうえ，複数商品形態の模倣が問題となっていたとの事情が存在する事例に
おいて，部分や抽象的な形態の共通性が重視されて，実質的同一性が肯定され
ていた[26]。他方，装飾的形態が存在しない衣服においては，機能的形態[27]等
に有意な相違がない場合には実質的同一性が肯定されるが[28]，有意な相違が
ある場合には実質的同一性が否定されていた[29]。

　以上要するに，概して装飾的形態の共通性が重視され，装飾的形態が存在し
ない場合には，機能的形態等の全体形態の共通性が検討されるという基本的傾
向を見出すことができた。かかる分析は拙稿[30]において初めて提示したもの
に過ぎず，このような判断傾向の正当性等については更なる検討の必要がある。
特に，衣服デザインは人が着用するという制約やトレンドの制約のなかで，毎
シーズン多数のデザインを展開していくという性質上，過去にみられないもの
を開発しようとする場合に，採用しうる選択肢は極めて限定されたものとなる
と考えられるところ[31]，かようにデザインが混雑している分野につき，どの
程度部分や抽象的な形態の共通性を重視して，実質的同一性を肯定することが
許されるかという検討課題が存在する。

　なお，部分の形態の保護について，裁判例は，原則的にそれが独立して取引
の対象となる場合でなければ，保護対象たる「商品の形態」にあたらないとす
るが[32]，特段の事情（一部の模倣が全体としての商品の形態の模倣と評価し得る等）
がある場合に保護を肯定しうる旨の抽象論を述べる裁判例も存在する[33]。

第4款　保護期間──保護の終期の起算点及び保護期間の在り方──

　保護の終期の起算点は，「日本国内において最初に販売された日」（不正競争
防止法19条1項5号イ）である。しかし，知財高判平成28.11.30判時2338号96
頁［スティック型加湿器］は，これを，「投下資本回収を開始することができ
得る」時点である「開発，商品化を完了し，販売を可能とする段階に至ったこ
とが外見的に明らかになった時」と解し，「商品展示会に出展された商品は，
特段の事情のない限り，開発，商品化を完了し，販売を可能とする段階に至っ

たことが外見的に明らかになった物品」であると判示したうえ，未だ量産体制にない商品展示会出展時を，保護の終期の起算点とした。なお，同判決は，「商品の販売が可能になったものの実際の販売開始が遅れると，開発，商品化を行った者は，実質的に3年を超える保護期間を享受できることになってしまう」ことの不都合性を指摘しており，かような判断の背景には，保護の始期と終期を連動させようとする姿勢が窺われる[34]。

当該判断手法に従うと，一般販売の約半年前等に展示会発表をなすことが通常のファッション業界においては保護が短くなりすぎる旨が指摘されており[35]，その解釈の在り方を検討する必要がある。

また，そもそも3年[36]という保護期間が短すぎる可能性も存在するため[37]，保護期間の伸長の検討も必要である。

第5款 小 括

以上のとおり，保護要件，保護範囲，保護期間にかかる検討課題が存在したが，これらを別個独立に検討するのではなく，衣服デザインにつき，いかなるバランスとすることが適切であるかを検討する必要がある。

Ⅲ イギリスにおける衣服デザイン保護の現状

第1節 はじめに

当該検討課題については，イギリス[38]法（EU離脱後も未だ影響を与える[39]EU法（基本条約及びそれに基づく派生法（規則，指令等）等）を含む。）の参照が有益であると考える。なぜならば，日本のデッドコピー規制と同様に，出願・登録なくして3年間の自動的な保護を提供する，EU非登録意匠権由来の補助非登録意匠権（Supplementary Unregistered Design Right）のみならず，基本的に10年間の保護を提供するイギリス独自の非登録意匠権（以下「UK非登録意匠権」という。）も存在するため，保護期間の伸長についても参考にすることが可能であるためである。

　もっとも，非登録意匠権による衣服デザイン保護のみの検討では，他の制度によってその保護が補われている可能性が判明しないため，前提として他の制度による保護も概観する。

第2節　非登録意匠権以外の制度による衣服デザイン保護

　まず，意匠権については，現在は実体審査が行われていないため[40]，日本より早期に意匠権を取得できる[41]。もっとも，一度に多数のデザインを展開するというファッションビジネスの特質故に，その全てにつき出願・登録の費用・手間をかけることが現実的ではないという事情は日本と同様であろう[42]。したがって，やはり意匠権による衣服デザイン保護は限定的と考えられる。

　つぎに，出願・登録が不要な著作権についても，少なくとも現時点においては，二次元的な生地デザインを除き[43]，衣服デザインの保護は困難である[44]。したがって，著作権による衣服デザイン保護も限定的といえる。

　さらに，日本の不正競争防止法2条1項1号に類似する，判例上発展したパッシングオフ（passing off）と呼ばれる不法行為類型が存在し[45]，その保護要件として，典型的には①原告が「グッドウィル」を有すること，②被告が公衆を欺く可能性のある「虚偽表示（misrepresentation）」をなしたこと，③虚偽表示が，原告のグッドウィルに損害を与えることが必要とされる[46]。もっとも，本来的には出所識別力のない衣服デザインが，グッドウィルを獲得することは稀であり[47]，また，需要者における誤認がないとして，虚偽表示と認められにくいというハードルも存在する[48]。したがって，パッシングオフによる衣服デザイン保護も限定的といえる。

　くわえて，商標権による衣服デザイン保護も，極めて困難である。すなわち，衣服デザイン自体が識別力を獲得している必要があるのはもちろんのこと（1994年商標法3条但書），商品に本質的な価値（substantial value）をもたらす形状若しくはその他の特徴のみから構成されるものでないことが必要となるが（同法3条2項），後者の除外規定は，美的魅力（美的であるとともに機能的な形状を含む[49]）をはじめとする，需要者の購売選択にとって重要な形状である場合

に適用される[50]。同規定の存在意義には疑義もあるところだが[51]，少なくともこれを前提とする限り，美的魅力を併せ持つことが通常の衣服デザインの保護は困難であるように思われる[52]。

　以上のとおり，衣服デザインは，意匠権，著作権，パッシングオフ，商標権によって十分に保護されているとはいい難い。

第3節　非登録意匠権による保護
第1款　はじめに

　そこで，以下では，出願・登録なくして保護をなしうる非登録意匠権による衣服デザイン保護の現状を概観する。

　第1節で述べたとおり，イギリスには二種類の非登録意匠権があるが，少なくとも衣服のEU非登録意匠権侵害が問題となった裁判例においては，管見の限り大半の事案でUK非登録意匠権侵害も主張されており，各々の保護要件・保護範囲は，具体的な運用レベルでは基本的に同様の判断がされている[53]。そのため，本稿では，デッドコピー規制よりも保護期間が長いが故に，その保護期間伸長の検討も行うことができる，UK非登録意匠権の検討を行う。

第2款　UK非登録意匠権
第1項　保護要件

　UK非登録意匠権においては，条文上意匠が「オリジナル」であることが要求されている（Copyright, Designs and Patents Act 1988（以下「1988年法」という。）213条1項）。オリジナリティは二段階で判断され，まず，意匠がデザイナーに由来するものであり，既存の意匠から隷属的に模倣（copy）されたものでないかが吟味され，つぎに，条文に従い，適格国において，問題となっている意匠の分野でありふれているか否かが問われる（1988年法213条4項）とされている[54]。ありふれているか否かの判断手法につき，判例は「広義の解釈を採用してしまうと，非常に多くの機能的物品の意匠が「ありふれた」ものになってしまう」（Farmer Build Ltd v Carier Bulk Materials Handling Ltd & Ors [1999]

R.P.C. 461（以下「Farmer Build 最判」という。））として，これを高度な要件としない姿勢を示している。なお，無名・入手が困難なデザインは，ありふれたものか否かを判断する際に考慮されない傾向がある[55]。

　もっとも，より重要なことは，衣服デザインにかかる具体的なハードルの高さであろう。そこで，裁判例の事案と結論に着目した検討をしたところ，権利者を先行意匠の模倣者と評しえない事案では，基本的にオリジナリティが肯定されていた[56]（原告商品は，原告自身の先行商品たる上衣に用いられたフードを，原告自身の他の先行商品たるジレに取り付けたものであったため，非容易創作性は否定しえたように思われる事案でも，オリジナリティが肯定されている[57]。）。他方，権利者を先行意匠の模倣者と評しうる事案では，オリジナリティが否定されていた[58]。

　もっとも，例外的に，先行意匠との相違が存在するために，権利者を模倣者とは評しえない事案で，オリジナリティを否定するものも存在した[59]。ただし，これらは，UK 非登録意匠権がその保護対象から「表面装飾」等を除外しているために（1988 年法 213 条 3 項(c)）[60]，保護対象外となる部分を除いたデザインにはオリジナリティが認められない，すなわち，「表面装飾」等が除外された原告の意匠は，先行意匠のデッドコピーといいうる範囲のデザインとなってしまったという特殊事情がある事案と整理できるものであった。

第 2 項　保　護　範　囲

　UK 非登録意匠権の権利者は，「意匠を用いた物品の製造による意匠の複製」（1988 年法 226 条 1 項），すなわち「その意匠に正確又は実質的に一致する物品を製造するために意匠を模倣すること，又はそのような物品の製造を可能にする目的で意匠を記録した意匠文書を作成すること」（同法 226 条 2 項）につき排他権を有する（同法 226 条 1 項）。当該条文については，一般に依拠性（derivation）と，実質的同一性（substantial similarity）が必要[61]であるとか，著作権法に由来する複製（reproduction），すなわち模倣（copy）が必要であり，かつその複製は正確又は実質的でなければならない[62]等と説明されているところ，本稿では比較の便宜上，主たる侵害の要件は依拠性と実質的同一性であると整

理する。

　実質的同一性の判断手法については，デザインが向けられた人の目を通じて
判断するとしたうえで，具体的には問題となっている商品の需要者の視覚を通
じて判断する判例があるが[63]，学説からの批判が存在するなど[64]，その判断
手法は確立されていないようである。

　もっとも，より重要なことは，衣服デザインにつき，いかなる相違があれば
実質的同一性が否定されるのかという具体的判断であろう。そこで，裁判例の
事案と結論に着目した分析をなしたところ，まず，装飾的意匠[65]がある衣服
については，装飾的意匠に有意な相違がなければ実質的同一性が肯定され[66]，
有意な相違がある場合は原則的に実質的同一性が否定されていたが[67]，装飾
的意匠が多用されている衣服（ウェディングドレス）であるが故に，一部の装飾
的意匠における相違の印象が弱いといいうる場合等には，例外的に実質的同一
性が肯定されていた[68]。他方，装飾的意匠が存在しない衣服については，機
能的意匠等[69]に有意な相違がない場合は実質的同一性が肯定され[70]，有意な
相違がある場合には，基本的に実質的同一性が否定されていた[71]。ただし，
ジレの前開き部分の留め具につき，原告商品はボタン，被告商品はスナップと
いう有意な相違があったにもかかわらず，実質的同一性を肯定する例外的裁判
例（DKH判決）が存在した。同事件の原告は，UK非登録意匠権の保護対象と
して，ジレ全体ではなく，部分の意匠を特定した主張を行っている。すなわち，
UK非登録意匠権は，保護対象に意匠の部分も含むところ（同法213条2項），
原告は，前述の相違点にかかる意匠を除外した主張を行っていた。裁判所は，
かような特定にもかかわらず，原告が主張する意匠には含まれていない要素に
かかる被告主張の相違点（留め具にかかる相違を含む）も考慮したうえで，実質
的同一性を肯定しているため，一見すると意匠を部分的に特定したが故に実質
的同一性が認められたわけではないようにもみえる。しかし，装飾的意匠のな
いシンプルな意匠において，正面の前開き部分に施された留め具の相違は目に
留まりやすいと考えられるにもかかわらず，実質的同一性が肯定されたのは，
部分の意匠が保護されているが故に，実質的同一性判断でも部分の共通性が重

視されたことに起因する可能性も否定はできないように思われる。

　以上要するに，実質的同一性判断においては，基本的には装飾的意匠の共通性が重視され，装飾的意匠が存在しない場合には，機能的意匠等の全体形態の共通性が検討されるという基本的傾向が存在したが，例外的に，部分の意匠が保護されているという特殊性に起因し，部分の共通性を重視して実質的同一性を認めたものとも考えられる裁判例も存在した。

第3項　保護期間

　保護の終期の起算点は，意匠が最初に意匠文書に記録された暦年の末日若しくは物品が最初にその意匠に基づいて製造された暦年の末日のいずれか早い時点から15年間（1988年法216条1項(a)），又はその暦年の末日から5年以内に，その意匠に基づいて製造された物品が販売又は貸与のために利用可能となった場合には，それが最初に発生した暦年の末日から10年（同法216条1項(b)）と規定されている（ただし，最後の5年間は，ライセンス権のみとなる（同法237条））。このように，起算点は二種類あるが，通常は意匠の創作の暦年の末日から5年以内に販売等されるため，多くの場合，販売等のために利用可能となってから10年の保護を享受することになろう[72]。そうすると，起算点たる「販売又は貸与のために利用可能とされた物品」の意義が重要となる。同法216条2項は，これを「意匠権者によって又はその許諾を得て，世界のあらゆる場所で利用可能とされた物品を指す」と規定するが，具体的にいかなる段階に至れば「利用可能」といえるかは定かでない。

　この点を検討した数少ない判決として Dyson v. Qualtex [2006] RPC 769 [CA], 802-3（以下「Dyson 判決」という。）がある。裁判所は，実際に販売可能な商品が存在しないと「販売……のために利用可能となった」とはいえないとしたうえで，購入予定者にプロトタイプが示されて1992年に事前注文があったものの，1993年1月に生産が開始されるまでは実際に販売されることがなかった商品につき，1992年に時点では未だ「販売……のために利用可能となった」とはいえないとし，保護終期を1993年末日から起算した。他方，同事件

で問題となった別商品については，商品の存在が推認される事案であったところ，実際の販売を認定することなく「販売……のために利用可能となった」と判断している。

そうすると，「販売……のために利用可能となった」といえるためには，最低限，購入者さえ現れれば提供できる商品の存在が必要であると考えられる。

Ⅳ 衣服デザインのデッドコピー規制よる保護に関する検討

第1節 保護要件——新規性・非容易創作性等の要否——

デッドコピー規制の保護要件として，まず，非容易創作性を要求すべきであろうか。

仮にこれを要求すると，実用性やトレンドに影響される要素が強い分，開発の幅が狭いなか，互いに切磋琢磨して新たなデザインが生み出される衣服デザインにおいては，保護されるものがほとんどなくなる可能性が高い。この点については，ありふれたものはオリジナリティがないとして，明文上ありふれたものを保護対象から除外する UK 非登録意匠権においてすら，権利者が先行意匠の模倣者と評しえない事案では，基本的にオリジナリティが肯定されていたことが参考になる（「広義の解釈を採用してしまうと，非常に多くの機能的物品の意匠が「ありふれた」ものになってしまう」との Farmer Build 最判の説示も参照。）。非容易創作性を要求し，多くの衣服デザインの保護を否定することは，先行者の新商品開発のインセンティヴの支援というデッドコピー規制の趣旨[73]が，少なくとも衣服デザインの分野で損なわれることになるのではないだろうか。

では，非容易創作性を要求しないまでも，（一定地域における）新規性は要求すべきであろうか。そもそも，従来裁判例においても，実質的に同一の先行商品が存在し，保護を求める者自身が模倣者と評価可能な場合には，保護が否定されていた。そうすると，議論の実益は，保護を求める者が，先行商品に依拠せず独自に開発したといいうる事案においても，新規性がなければ保護を否定すべきであるかというところにある。この点，明文上ありふれたものを保護対

象から除外する UK 非登録意匠権においてすら，少なくともイギリス等（適格国）において入手困難なものや無名なものしか存在しない場合には，オリジナリティを否定していなかったことが参考になる。また，独立開発した先行者の商品形態に依拠した後行者の商品形態の譲渡等を規制するほうが，新商品開発インセンティヴの支援というデッドコピー規制の趣旨に叶うのではないだろうか[74]。

したがって，非容易創作性も，新規性も不要と考える。

第 2 節　保護範囲——装飾的形態の共通性を重視する判断の正当性・部分や抽象的共通性を重視することの可否——

以上の保護要件の在り方を踏まえつつ，適切な保護範囲を検討する。

第一に，衣服デザインに関するデッドコピー規制の裁判例の基本的傾向（装飾的形態に有意な相違がない事案において，原則として実質的同一性を肯定する傾向）は正当であろうか。

まず，かかる傾向は，UK 非登録意匠権にも見出せた。また，装飾的形態が全て共通する場合は，需要者（不正競争防止法 2 条 4 項）における商品形態の代替性を基礎付けやすく，定型的に先行者利益を害しやすいため[75]，トレンドとして後行者を正当化すべき範囲を逸脱していると考えることが可能である（そのようなデザインを保護しなくとも，トレンドの範囲でほかにも選択肢はありうるとも考えられる。）。他方，機能的形態の共通性のみによっては，必ずしも需要者代替性は基礎付けられないうえ，トレンドとして後行者を正当化すべき範囲内の可能性が高いであろう。このように考えると，裁判例の判断傾向に正当性を見出せるように思われる。

第二に，一部の形態が共通するに過ぎない場合や，抽象的なレベルで共通するに過ぎない場合であっても，実質的同一性を肯定すべきであろうか。

この点，UK 非登録意匠権においては，装飾的意匠が多用されているウェディングドレスであるために，装飾的意匠の一部の相違が一般的な衣服に比して目立たないと評価可能な事案において，一部の装飾的形態に有意な相違がある

事案で実質的同一性が肯定されていた（Madine 判決）。かような事案であれば，一部の装飾的形態の相違が需要者代替性に影響しないと考える余地はあるだろう。他方，UK 非登録意匠権には，一部の形態に有意な相違がある事案でも，部分として特定した意匠の共通性に基づき実質的同一性を肯定したと評価可能な DKH 判決も存在した。しかし，かように部分の共通性を重視して実質的同一性を肯定すると，実用性やトレンドに影響される要素が強い分，開発の幅が狭い衣服デザイン開発において，後行者のデザイン創作が極めて困難になるという問題が生じるのではないだろうか。部分の意匠を保護するイギリスにおいても，権利者の濫用可能性への懸念に基づく議論があり[76]，当該懸念を一部解消する法改正[77] がなされて以降の裁判例では，抽象的な形態の保護を否定すべきであることが強調されている[78]。

　以上に鑑みると，一部の形態が共通するに過ぎず，他の（装飾的）形態に有意な相違がある場合には，当該相違が目立たないと評価可能な事案を除き，実質的同一性を否定すべきであり，また，抽象的なレベルの共通性があるに過ぎない場合も，実質的同一性を否定すべきであるように思われる。

第3節　保護期間——保護の終期の起算点及び保護期間の在り方——

　まず，保護の終期の起算点は，いかに考えるべきか。

　前掲知財高判［スティック型加湿器二審］は，保護の始期のみならず，終期の起算点も「開発，商品化を完了し，販売を可能とする段階に至ったことが外見的に明らかになった時」と解したうえで，特段の事情がない限り「商品展示会に出展された商品」はこの段階に該当するとしていた。また，その理由として，このようにして保護の始期と終期の起算点を一致させないと，販売が可能になった商品の販売が遅れた場合に，実質的に 3 年を超える保護期間を享受できる結果となることへの懸念を示していた。

　しかし，保護の始期と終期の起算点を一致させずとも，立法論として，UK 非登録意匠権のように最長の保護期間というキャップをかける仕組みを採用することで，かかる懸念への対処は可能である。すなわち，UK 非登録意匠権は，

14

保護の始期と終期の起算点を一致させていないが，保護の始期の暦年の末日から5年以内に販売等のために利用可能とならなかった場合は，保護の始期の暦年[79]の末日から15年間で保護期間が終了するとすることで，創作後に何ら販売に向けた活動をなしていなかったケースが不当に長い保護期間を享受することがないよう対処している[80]。かような解決方法によると，一般販売の約半年前頃に展示会を開催することが多いファッション業界において，展示会出展から保護の終期が起算されるが故に，季節性の衣服の保護が過小となりすぎる[81]という問題も生じない。ファッション業界において，展示会は，業界・雑誌関係者やバイヤー等に新作をお披露目するPRの場であるとともに，一般販売に先んじて人気になりうる商品の動向を把握する等の重要な意義を有しているように思われる。かような展示会への出展控えに繋がりうる解釈によって，商品開発のインセンティヴ支援というデッドコピー規制の趣旨に悖る事態とならないよう[82]，UK非登録意匠権のような解決策を採用すべきであろう。

　また，「日本国内において最初に販売された日から起算して三年」の具体的解釈についても，Dyson判決を参考に，購入者さえ現れれば提供できる商品が存在するに至った時点と解すべき場合があると考える。たしかに，受注する趣旨で展示会に出展した場合には，投下資本の回収に着手したと考えられる場合が多いかもしれないが[83]，ファッション業界の展示会では，業界・雑誌関係者やバイヤー等からの発注を受けることも多い一方で，当該受注に基づき実際に商品が納品・支払いがなされるのは，一般販売開始時期頃であることが少なくない[84]。また，展示会で受注が少なかった商品については，一般販売が中止されることもありうる[85]。そうすると，かような受注をもって，一般販売を踏まえた投下資本の回収に着手したとは考えにくく，投下資本の回収方針を検討している段階に過ぎないといえるのではないだろうか。したがって，Dyson判決のように，購入者さえ現れれば提供できる商品が存在するに至った時点から起算するほうが，より投下資本回収の実態に合った処理をなしえ，適切な新商品開発のインセンティヴ支援といえると考える。

　つぎに，衣服デザインにつき，デッドコピー規制の保護期間を伸長する正当

15

性は存在するかを検討する。

　UK 非登録意匠権においては 3 年を超えた保護がなされていたが，他方で，一定の例外的事案において，デッドコピー規制よりも保護されないものが存在していた（第 2 節第 2 款第 1 項参照）。そうすると，その保護の過少性ゆえに，長い保護期間が正当化されているという可能性は一応存在する。また，衣服にかかる UK 非登録意匠権の裁判例の大半は，補助非登録意匠権の前身たる EU 非登録意匠権による保護も併せて保護が主張されていた[86]。そうすると，衣服デザインについては，そもそも 3 年を超える保護が必要とはいい難いとも考えられる。

　他方，3 年規制することにより後行者を害さない（トレンドを追うことができる）デザインは，5 年規制しても後行者を害さないとも考えうる[87]。また，事前にヒット予測ができず意匠登録は叶わなかったヒット商品につき，3 年の保護では不正競争防止法 2 条 1 項 1 号等による保護につなげていくことが困難との指摘も存在する[88]。さらに，イギリスにおいて，UK 非登録意匠権の保護が長すぎるという議論は，管見の限り存在しない[89]。

　これらを踏まえると，UK 非登録意匠権を参考に，例えば 5 年間程度に保護期間を伸長すべきとの議論も可能ではないだろうか。ただし，伸長する場合は，保護範囲が拡がりすぎないよう，より慎重な考慮が必要であろう。

V　結　　語

　以上のとおり，非容易創作性や新規性を保護要件とすべきではないが，保護範囲を拡げすぎないよう，部分や抽象的な形態の共通性のみをもって実質的同一性を肯定することは控えるべきと考える。かかる前提条件のもとでは，保護の終期の起算点にかかる解釈を見直すべきであることはもちろんのこと，保護期間の伸長も一考の余地があると考える。

---

1)　わが国における先駆的な研究として，小島立「ファッションと法についての基礎的考察」高林龍ほか編代『現代知的財産法講座III　知的財産法の国際的交錯』3-32 頁（日本評論社，2012）

がある。

2） シャネルが模倣に寛容であったことにつき，朝倉三枝「コピー」蘆田裕史ほか編『ファッションスタディーズ：私と社会と衣服の関係』172-173 頁（フィルムアート社，2022）等参照。ただし，シャネルの当該スタンスは，当時のフランスにおいて異端であったことにつき，山田登世子『モードの誘惑』60・69-70・77-79・170-173・215 頁（藤原書店，2018）等も参照。

3） C. Scott Hemphill & Jeannie Suk, *THE LAW, CULTURE, AND ECONOMICS OF FASH-ION*, Stanford Law Review Vol.61 Issue5, 124 (2009), 金井倫之「ファッション・ロー概論〜ファッション・ビジネスと法的保護〜」IP マネジメントレビュー 15 号 27 頁（2014）等参照。

4） See Kal Raustiala & Christopher Jon Sprigman, the knockoff economy: how imitation sparks innovation 43-47 (2012)［日本語訳：K・ラウスティアラ＝C・スプリグマン（山田奨治解説等，山形浩生＝森本正史訳）『パクリ経済　コピーはイノベーションを刺激する』64-70 頁等（みすず書房，2015）].

5） 福田稔「アパレル産業の未来――国内アパレル企業の課題と進むべき道――」8 頁（2017 年1 月）（https://www.rolandberger.com/publications/publication_pdf/rb_tokyo_cgr_2.pdf, 2023 年12 月 27 日最終閲覧）を参照。

6） See Guillermo C. Jimenez, *A Survey of Fashion Law*, in FASHION LAW A GUIDE FOR DESIGNERS, FASHION EXECUTIVES, and ATTORNEYS SECOND EDITION 10 (Guillermo C. Jimenez and Barbara Kolsun eds., 2014).

7） 中川隆太郎「ファッションデザインと意匠法の『距離』」日本工業所有権法学会年報 43 号99-119 頁（2020）等。

8） 中川・前掲注7）104-105 頁等。

9） 中川・前掲注7）103 頁等。

10） 新規性喪失の例外（意匠法 4 条 2 項）の活用はありうるが，一般販売の約半年前等に展示会発表等でデザインを公表し，新規性を失ってしまうことが多いファッション業界においては，実質的に 1 シーズン程度の市場テストのみで出願の適否を決定しなければならないという限界は残る。

11） 詳細は，田村善之「判批」知的財産法政策学研究 66 号 9-66 頁（2022）等参照。

12） 衣服デザインつき保護が認められた事例は，管見の限り，東京地判平成 11.6.29 判時 1693 号139 頁［プリーツ・プリーズ］と，東京地判平成 12.6.28 判時 1713 号 115 頁［LEVI'S 弓形ステッチ一審］，東京高判平成 13.12.26 判時 1788 号 103 頁［同二審］のみである。

13） 詳細は，黒川直毅「判批」知的財産法政策学研究 66 号 229-262 頁（2022）等参照。

14） 田村善之「商品形態のデッド・コピー規制の動向――制度趣旨からみた法改正と裁判例の評価――」知的財産法政策学研究 25 号 54 頁（2010）。

15） 詳細は山本真祐子「判批」パテント 77 巻 3 号 63-87 頁（2024）を参照。

16) 田村善之ほか「不正競争防止法2条1項3号によるファッションデザイン保護（3）」有斐閣 Onlineロージャーナル¶057-58［山本真祐子発言］（2023）。

17) 東京地判平成13.8.31判時1760号138頁［エルメス・バーキン］，東京地判平成14.11.27判時 1822号138頁［ベルーナ・リュリュ一審］の原告商品⑦等。

18) 詳細は，山本・前掲注15) 80-82頁を参照。

19) 中川隆太郎「ファッション」骨董通り法律事務所編『エンタテインメント法実務』365-371 頁（弘文堂，2021）等を参照。

20) 山本・前掲注15) 80頁等。

21) 詳細は，山本真祐子「デッドコピー規制における実質的同一性判断──衣服デザインに関する事例分析を通じて──」知的財産法政策学研究第58号69-78頁（2021）を参照。

22) 詳細は，山本・前掲注21) 79-103頁を参照。

23) 着用という機能に基づくデザイン上の制約が，相対的には小さい模様・柄に代表される形態を指すものとする。ただし，機能的要素をも併せ持つためにデザインの自由度が比較的低いポケット，ベルト，ファー等に代表されるような形態や，同様に選択肢が限られているためにデザインの自由度が高いとはいい難い色彩，極めて一般的な柄は，この定義からは除くものとする。

24) 前掲［ベルーナ・RyuRyu］の商品④等。詳細は山本・前掲注21) 81-88頁を参照。

25) 大阪地判平成29.1.19平27（ワ）9648・平27（ワ）10930［chamois］等。詳細は山本・前掲注21) 90-96頁を参照。

26) 東京地判平成30.4.26平27（ワ）36405［パーティドレス一審］，知財高判平成31.2.14平30（ネ）10058［同二審］の商品4・7（筆者は同事件第一審の被告訴訟復代理人を務めていた。），東京地判平成19.7.17平18（ワ）3772［アルページュレース一審］，知財高判平成20.1.17平19（ネ）10063・平19（ネ）10064［同二審］の原告商品3と被告商品C。詳細は山本・前掲注21) 97-100頁を参照。

27) 着用という機能に基づくデザイン上の制約が大きい，輪郭・シルエット等に代表される形態を指すものとする。

28) 大阪地判令和4.6.13令3（ワ）4467［スプリングコート］等。詳細は山本・前掲注21) 100-101頁を参照。

29) 前掲［ベルーナ・RyuRyu］の商品③等。山本・前掲注21) 101-102頁を参照。

30) 山本・前掲注21) 79-103頁を参照。

31) 中川・前掲注19) 371頁等を参照。

32) 東京高判平成14.1.31判時1815号123頁［遊技銃エアーソフトガンの部品二審］等。

33) 東京地判平成17.5.24判時1933号107頁［マンホール用ステップ］。

34) 比良友佳理「判批」知的財産法政策学研究49号383頁（2017）等参照。

35) 中川隆太郎「判批」著作権研究45号227頁（2019）。

36) デッドコピー規制導入時に提唱段階にあった EU 非登録意匠権の制度案の保護期間が 3 年で
あったことに伴い，3 年とした旨の解説がされている（通商産業省知的財産政策室監修『逐条解
説　不正競争防止法』40 頁（有斐閣，1994））。

37) 産業構造審議会知的財産分科会不正競争防止小委員会「デジタル化に伴うビジネスの多様化
を踏まえた不正競争防止法の在り方」（2023.3）（https://www.meti.go.jp/shingikai/sankoshin/
chiteki_zaisan/fusei_kyoso/pdf/20230310_1.pdf，2023 年 12 月 27 日最終閲覧）10 頁における議
論等を参照。

38) 基本的にイングランドとウェイルズを指すものとする（田中英夫『英米法総論　上』4 頁
（東京大学出版会，1980）参照）。

39) EU 離脱日及び法的な離脱日である移行完了日（離脱協定 126 条及び 2020 年 EU 離脱法 39
条 1 項(h)等）後においても，EU 由来の国内法や，離脱日の直前に効力を有していた規則等
（2018 年 EU 離脱法 2・3 条参照）は，「保持された EU 法」（同法 6 条 7 項）とされ，イギリス
国内法として効力を有する（同法 2 条・3 条参照）。また，保持された EU 法は，離脱後に変更
なき限り，保持された判例法及び保持された EU 法の一般原則に基づき解釈される（同法 6 条 3
項）。ただし，最高裁判所や，イングランド及びウェイルズの控訴院等は，EU 判例法（同法 6
条 7 項）から離脱する判断が可能である（2020 年 EU 離脱法 26 条 1 項，2018 年 EU 離脱法 6 条
4 項 ba 号，2018 年 EU（離脱）法 2020 年（関連する裁判所）（保持された EU 判例法）規則 3
条及び 4 条）。なお，脱稿後に 2023 年保持された EU 法（廃止及び改正）が施行されている。

40) See Lionel Bently et al., Intellectual Property Law 745 (6th ed. 2022).

41) 審査期間は 2 週間程度である（https://assets.publishing.service.gov.uk/government/uploads/
system/uploads/attachment_data/file/1083591/Designs-Timeline.pdf, last visited Dec 27, 2023）。

42) 12 ヶ月間のグレイスピリオド（1949 登録意匠法 1 条 B の 6 項(c)-(d)）を用いて，当該不都
合に一定程度は対応しうるが，一般販売より前にコレクション等で発表する習慣がある衣服デザ
インの場合，一般販売後の市場テスト期間は限定的であるとの事情も，日本と同様と考えられる。

43) See Designers Guild v. Russell Williams [1998] FSR803, Response Clothing Ltd. v. The Edin-
burgh Woollen Mill Ltd. [2020] EWHC 148 (IPEC), [2020] FSR (25) 635.

44) See Merlet v. Mothercare Plc [1986] RPC 115, Guild v Eskandar [2001] FSR (38).

45) See Christopher Wadlow, WADLOW ON THE LAW OF PASSING- OFF ¶ 1-1,1-12 to 15
(6th ed. 2021).

46) See Reckitt & Colman Products v Borden [1990] 1 WLR 491. 詳細は，末宗達行「イギリス・
パッシングオフ（Passing off）による商品形態保護」工業所有権法学会年報 46 号 27-48 頁
（2023）等を参照。

47) See Wadlow, *supra* note 45, ¶ 8-281, ¶ 8-333 to 357, Rosie Burbidge, EUROPEAN FAHION
LAW A Practical Guide from Start-up to Global Success ¶ 20.4.1 (2019).

48) See Original Beauty Technology Company Ltd. v G4K Fashion Ltd [2021] EWHC 294 (Ch),
[2021] FSR (20) 639（以下「G4K 判決」という。）etc.

49) Hauck GmbH & Co. KG v Stokke A/S, Case C-205/13, EU:C:2014:2233, [2014] ETMR (60)
1215, [31]-[32], [36].

50) See Bang & Olufsen v. OHIM, Case T-508/08, [2011] ECR II-6975, [2012] ETMR (10) 203, [75]
etc. See also, Gömböc Kutató, Szolgáltató és Kereskedelmi Kft. v Szellemi Tulajdon Nemzeti
Hivatala, Case C-237/19, EU:C:2020:296, [2020] FSR (34) 920, [46].

51) See ANNETE KUR & MARTIN SENFTLEBEN, EUROPEAN TRADE MARK LAW: A
COMMENTARY 170 (2017) etc.

52) ジーンズの形状につき，同除外条項が適用されうることを示唆する Benetton Group v
G-Star, C-371/06 [2007] ECR Ⅰ-7709 を参照。

53) ただし，UK 非登録意匠権において色彩等の「表面装飾」は保護対象に含まれないのに対し
（第 2 款第 1 項で後述），EU 非登録意匠権ではこれらも保護対象に含まれているという点では，
両制度は相違し，かかる相違が実際に異なる帰結をもたらすことはある。

54) Bently et al., *supra* note 40, 838 etc. 適格国とは，"the United Kingdom"（1988 年法 217 条 3
項(a)）のみならず，枢密院勅令によって直接指定されるイギリスの属領（同法 217 条 3 項(b)，
255 条 2 項），相互保護を提供する国として枢密院勅令によって指定された国（香港，ニュージ
ーランド等）（同法 217 条 3 項(d)，256 条 3 項）とされている。

55) See Fulton v. Grant Barnett [2001] R.P.C (16)257, [52]-[53], Fulton v. Totes Isotoner (UK)
[2003] R.P.C(27) 499, 501-2.

56) G4K 判決の商品 91 等。

57) DKH Retail v. H.Young [2014] EWHC 4034 (IPEC), [2015] FSR (21) 603（以下「DKH 判決」
という。）.

58) KF Global Brands v Lead Wear [2023] EWHC 1303 (IPEC).

59) Jo Y Jo Ltd v. Matalan Retail Ltd [2000] E.C.D.R. 178, Lambretta Clothing v. Teddy Smith
(UK) [2004] EWCA Civ 886, [2005] RPC (6) 88, [2003] EWHC 1204 (Ch), [2003] RPC (41) 728.

60) その趣旨は，かような装飾的意匠につき，より保護期間が長い著作権によって保護すること
にあった（See Bently et al., *supra* note 40, 821）。

61) 「物品の製造のためであること」も含め，三要件に分解する Bently et al., *supra* note 40, 843-
846 を参照。

62) See Martin Howe et al., INDUSTRIAL DESIGNS, ¶ 4-098-103 (10th ed. 2022).

63) C&H Engineering v Kluznik [1992] FSR 421, 428, Mark Wilkinson Furniture v Woodcraft
Design (Radcliffe) [1998] FSR 63.

64) A. Speck et al., Laddie, Prescott, and Vitoria: The Modern Law of Copyright (5th edn, 2018)

¶ 48-3, Howe et al., *supra* note 63, ¶ 4-108 etc.

65）「装飾的形態」（注 23）と同様の意味で用いる。

66）G4K 判決の商品 35 等。

67）G4K 判決の商品 17 等。

68）Madine v Phillips [2017] EWHC 3268 (IPEC)（以下「Madine 判決」という。）.

69）「機能的形態」（注 27）と同様の意味で用いる。

70）G4K 判決の商品 91 等。

71）G4K 判決の商品 63 等。

72）See Christine Fellner, *The New United Kingdom Industrial Design Law*, University of Balti-more Law Review Vol.19, Iss.1, Article 19 383 (1989) etc.

73）通産省知財室・前掲注 36）37-44 頁等。

74）ただし，先行者が開発していない領域（トレンドの範疇と考える領域）にまで保護範囲が拡がらないようにする必要はあるため，実質的同一性判断において，ありふれた形態や，既に存在した形態の共通性を重視しない等の考慮を行う必要はあると考える（山本・前掲注 21）112-114頁を参照）。

75）山本・前掲注 21）104-106 頁を参照。

76）See Laddie et al., *supra* note 65, ¶ 45.19, Bently et al., *supra* note 40, 828 etc.

77）2014 年知的財産法 1 条 1 項により「あらゆる側面の（any aspect of）」が定義から削除され，現在の定義は「物品の全体又は一部の形状又は構成の（内部又は外部を問わない）意匠」となっている。

78）Neptune v. Devol Kitchens [2017] EWHC 2172(Pat), [2018] FSR (3)42.

79）ただし，デッドコピー規制においては，「暦年の末日」から起算すべきでないと考える。3 年（後述のように，保護期間を伸長するとしても差しあたり 5 年）という短期間の保護しか提供しないにもかかわらず，「暦年の末日」から起算する場合，保護の終期の起算点にかかる事象を発生させる時点を年末から年始に遅らせるといった，不自然なインセンティヴを与えるおそれが高いためである。

80）See Bently et.al., *supra* note 40, 842.

81）中川・前掲注 35）227 頁参照。

82）保護の始期に関するが，比良・前掲注 34）377-382 頁を参照。

83）田村善之『不正競業法概説（第 2 版）』311 頁（有斐閣，2003）等。

84）ファインズ東京 WEB ページ：ファインズ東京「アパレル展示会の時期」（2015.4.29）（https://www.fines-net.com/media/%E3%82%A2%E3%83%91%E3%83%AC%E3%83%AB%E5%B1%95%E7%A4%BA%E4%BC%9A%E3%81%AE%E6%99%82%E6%9C%9F/，2023 年 12 月 27 日最終閲覧）を参照。猪又美栄子ほか編『ファッション造形』38 頁等（実教出版，2015）も参照。

85）　ビィーゴ WEB ページ：コワーキングスペース　ビィーゴ「ファッション業界の『展示会』とは？目的やメリットとデメリット，流れなどまとめ」（2022.9.10）（https://www.vie-orner.com/be-go/b_featured/fashion-exhibition/, 2023 年 12 月 27 日最終閲覧）を参照。

86）　例外として，Madine 判決（ウェディングドレス），Freddy SPA v Hugz Clothing Ltd & Ors [2020] EWHC 3032 (IPEC)（デニムパンツ），G-Star Raw v Rhodi [2015] EWHC 216 (Ch)（デニムパンツ）がある。

87）　田村ほか・前掲注 16）¶ 036［中川隆太郎発言］（2023）参照。

88）　田村ほか・前掲注 16）¶ 044［田村善之発言］参照。

89）　UK 非登録意匠権の廃止を訴える論者はいるが，著作権による 25 年間の保護を意図するものである（Estelle Derclaye, *A Model Copyright/Design Interface*, in The Copyright/Design Interface Past, Present, and Future 177–193 (Estelle Derclaye ed., 2018) at 421）。

デジタル変革とソフトウエア関連発明の 特許適格性についての一考察

吉　田　悦　子

Ⅰ　は じ め に[1]

　我が国の特許法2条1項には，「発明」とは，「自然法則を利用した技術的思想の創作」という定義が設けられている。特許法の目的が発明の保護と利用であるところ，特許法の基本構造の根幹にかかわる重要な規定といえる。しかしながら，抽象的な文言であるがゆえに，いかなるものが「発明」であるかの解釈は，これまでも議論が生じているところであり，一義的かつ明確に定義することは困難であることが指摘されている[2]。特にソフトウエア関連発明やビジネス関連発明は，「自然法則」の利用性を巡り，多くの議論がされてきた分野でもある。さらに近年のデジタル変革により，ビジネス方法・人為的取り決めを容易にソフトウエア関連発明に組み込めるようになったことで新たな問題も見られるようになった[3]。

　そこで本稿は，ソフトウエア関連発明を中心に特許適格性に期待される役割を再考することを目的とし，財産的な価値のある情報として基礎づける機能に焦点をあて，我が国の法制度，審査基準，裁判例，学説を整理した上で，諸外国との比較検討を行い，若干の検討を行う。

　まずⅡにおいて，ソフトウエア関連発明と発明該当性について概観する。次にⅢにおいて，日本における最近の裁判例をもとに，進歩性判断と発明該当性の関連性について，進歩性判断時の請求項に係る発明と主引用発明の相違点に非技術的要素を含む発明の取扱いについての議論を確認する。そして，Ⅳにおいて，米国・欧州における特許適格性に関する動向を整理した上で，審判決，

およびその判断手法の変遷やこれまでの議論の検討を踏まえた比較検討を行う。最後にⅤにおいて，全体の議論をふまえた若干の検討と総括を行う。

Ⅱ 特許法上の発明とソフトウエア関連発明

1 我が国の発明概念

日本特許法2条1項の「発明」とは，「自然法則を利用した技術的思想の創作のうち高度のものをいう」と定義されている。その上で当該発明が産業上の利用可能性（29条1項），新規性（29条1項），進歩性（29条2項）を満たせば，特許権が付与される構造となっている。

2条1項の「自然法則の利用」は，発明の定義規定において中心となる要件である。「自然法則」とは，単なる精神活動，純然たる学問上の法則，人為的取決めといったような物理的，化学的，生物的な法則性をもつ原理・原則を指し，「自然法則の利用」とは，自然現象の諸側面にある因果律の利用を意味すると解されている[4]。2条1項の「発明」とは，「自然法則を利用した技術的思想の創作のうち高度のものをいう」であることから，発明は「技術的思想の創作」である。「技術的思想」の考え方については，技能，演奏技術，スポーツの技など，いわゆる技能とは区別するものであるとされ，裁判例や学説では「一定の目的を達成する具体的手段」として解されている[5]。

2 我が国のソフトウエア関連発明に係る発明該当性

(1) 審 査 基 準

特許法2条1項の発明定義は，昭和34年改正において採用されたものであるが，改正前の特許実務では，審査基準が主導的役割であったことは否めない。昭和34年改正後もコンピュータ技術の進展や米国や欧州などの海外動向に対して，審査基準や運用基準で柔軟な対応をしてきた[6]。

平成12年審査基準の改訂では，欧州特許庁（European Patent Office: 以下，EPO）がコンピュータ・プログラムの特許適格性を認め[7]，米国がビジネス方法の特許適格性を認めるなどの状況を鑑みて[8]，平成12年12月に「コンピュ

ータ・ソフトウエアに関する審査基準」を公表し，「コンピュータ・プログラ
ム」は「物の発明」として取り扱うことになった。また，平成13年3月には
「ビジネス関連発明の審査基準を明確にして，特許にならないビジネス関連発
明の事例集」を公表している。この審査改訂の導入により，コンピュータ・ソ
フトウエア関連発明は，「ソフトウエアによる情報処理がハードウエア資源を
用いて具体的に実現されている」ことをもって，「自然法則を利用した技術的
思想の創作」とすることが明確になった。平成27年9月に審査基準の一部改
訂がなされ，ソフトウエア関連発明の審査基準については，特許・実用新案審
査ハンドブック（以下，審査ハンドブック）附属書B「第1章コンピュータソフ
トウエア関連発明」に置かれている。

　(2)　平成14年特許法改正

　平成12年の審査基準の改訂により，コンピュータ・プログラムが「物の発
明」となったことで，有体物を想定してきた特許法においては，プログラム等
の無形の情報財を「物」に含めることへの懸念，さらには2条3項の物の発明
の実施について，ネットワークを通じたプログラムの送信行為やApplication
Service Provider（ASP）型のサービスをどのように位置づけるかについての
問題が生じた[9]。そこで，審査基準のみならず，立法により明確化することに
なり，平成14年に特許法が改正されることになった。

　(3)　ソフトウエア関連発明と自然法則の利用

　我が国における「発明」の定義に関わる変遷を見ていくと[10]，とりわけ，
コンピュータ・ソフトウエア関連発明については，情報処理の手順という観点
において，「自然法則の利用」に該当するか否かが問題とされる[11]。現行審査
基準（第III部 第1章2.2）では，「「ソフトウエアによる情報処理が，ハードウエ
ア資源を用いて具体的に実現されている」場合は，当該ソフトウエアは「自然
法則を利用した技術的思想の創作」に該当する。」としている。さらに，審査
ハンドブック（附属書B 第1章2.1.1.2）には，「「ソフトウエアによる情報処理が
ハードウエア資源を用いて具体的に実現されている」とは，ソフトウエアとハ
ードウエア資源とが協働することによって，使用目的に応じた特有の情報処理

装置又はその動作方法が構築されることをいう。」と説明されている。すなわち，我が国における「発明」は，単に数学的計算手順を示すだけや一般的なコンピュータにデータを記録するだけでは，「自然法則を利用した技術的思想の創作」とは認められず，特定の課題解決のためにソフトウエアとハードウエア資源が協働した手段であることが必要とされる[12]。

　ソフトウエア関連発明の「自然法則の利用性」について，参考となる裁判例として，知識データベース事件[13]やポイント管理装置および方法事件[14]がある。知識データベース事件の発明は，知識データベースを記録している媒体を備え，特定の概念（物・特徴・属性）を整理して，コンピュータによる論理演算の対象として構築されたデータベースシステムと記録媒体についてのもので，裁判所は「抽象的な概念や人為的な取決めについて，単に一般的なコンピュータ等の機能を利用してデータを記録し，表示するなどの内容を付加するだけにすぎない場合も，「自然法則を利用した」技術的思想の創作には該当しない」とした上で，「本件補正発明の技術的意義としては，専ら概念の整理，データベース等の構造の定義という抽象的な概念ないし人為的な取決めの域を出ないもの」として，ハードウエアとは無関係として発明該当性を否定している。

　ポイント管理装置および方法事件の発明は，ポイントの管理方法に関する発明で，裁判所は，ネットワークやポイントアカウントデータベースについて，「ソフトウエアとハードウエア資源が協働した具体的手段によって使用目的に応じた情報の演算又は加工を実現することにより，使用目的に応じた特有の情報処理装置の動作方法を把握し得るだけの記載はない」として発明該当性を否定している[15]。

　また，請求項に記載された発明の中に自然法則を利用していない部分が含まれる場合には，当該発明が自然法則を利用しているかどうかが問題となる。例えば，人の精神活動を含みながら，コンピュータ・ソフトウエアを技術的手段として利用していると認めた裁判例として，双方向歯科医療ネットワーク事件[16]がある。同判決の対象となった発明は，歯科治療室と歯科技工室をリアルタイムにネットワークで繋ぎ，歯科医師と歯科技工士の双方向で歯科治療計

画を最適化できるというもので，裁判所は，「人の精神活動による行為が含まれている，又は精神活動による行為が含まれている，又は精神活動に関連する場合であっても，発明の本質が人の精神活動を支援する，又はこれに置き換わる技術的手段を提供するものである場合は，「発明」に当たらないとしてこれを特許の対象から排除すべきものではない」とした。本件は，人の精神活動が介在する創作であるからといって，すぐに保護対象から外すのではなく，精神活動を支援する，又はこれに置き換わる技術的手段であるかについて柔軟かつ客観的な判断を示したことが注目に値する。

3 小 括

　我が国は，2条1項の定義のもと，発明は「自然法則を利用した技術的思想の創作」として判断が導かれている。ただし，単に数学的計算手順を示すだけや一般的なコンピュータにデータを記録するだけでは，「自然法則を利用した技術的思想の創作」とは認められないとしている。双方向歯科医療ネットワーク事件では，発明の技術的課題の解決に対して「人の活動を支援する，又はこれに置き換わる技術的手段を提供するもの」は発明該当性を有すると示した。

　また，発明の保護すべき技術を選定するために，「自然法則の利用性」を要件とすることで，新しい技術やその発展にも，柔軟かつ客観的に「発明」の保護対象を画定する役目を果たしてきたと考えられるが，今後，ソフトウエア関連発明には，AI関連技術など先端技術との関わりが深まることが予想されるところ[17]，人為的取決め，人間の精神活動や数学的方法そのものを保護することがないように「技術的思想」を的確にとらえていく必要がありそうである。そのため，発明該当性は新規性・進歩性などの特許性判断を基礎づける役割として今後も期待されよう。

Ⅲ 発明該当性と進歩性の関係

　近年は，多様な産業分野にデジタル化の機運が高まり，ソフトウエア関連発明においてもビジネス方法・人為的取決めを組み込んだ発明が散見している。

例えば，請求項に係る発明が，全体として「自然法則を利用した技術的思想」であっても，請求項に係る発明と主引用発明との間に生じた相違点が，ビジネス方法，ゲームのルールや人為的取決めである場合に，特許庁では，請求項に係る発明が全体として「自然法則を利用した技術的思想」に該当すれば，その相違点がビジネス方法や人為的取決めであっても発明該当性は満たすとしている[18]。

　近時の裁判例では，請求項に係る発明が，全体として「自然法則を利用した技術的思想の創作」に該当するとして発明該当性は満たす一方で，進歩性の判断における主引用発明との相違点が，ビジネス方法，ゲームのルールや人為的取決めであっても進歩性は肯定されている。この相違点の考え方については，発明該当性と進歩性は別と考えるべきという意見と，「自然法則を利用した技術的思想の創作」を保護対象とする特許法の考えに反するという意見に分かれているところである[19]。そこで，発明該当性と進歩性の関連性について検討を行う。

1　ホストクラブ来店勧誘方法及びホストクラブ来店勧誘装置事件[20]

　本発明は，「ホストクラブの店舗の中がどのようになっていて，どのようなサービスが提供され，またどの程度の費用がかかるのか不明なため，興味はあっても来店に二の足を踏むケースが多い」という「ホストクラブビジネス特有の課題」（明細書の記載）に対して，潜在顧客に「ホストクラブ来店勧誘キット」（**図1**）により動画を視聴させて仮想体験させる方法とその装置についてである。引用発明は，広告代理店による販促支援に係る，自動車の新商品体験，マンションの内覧，テーマパークの事前体験などが想定された，サービスなどの疑

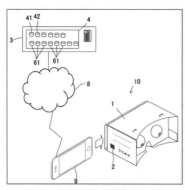

図1　本願発明（判決文より）

似体験による販促の方法で，本件と同じように段ボール製の装置に手持ちのスマホを差し込むものであった。

　知財高裁が取り上げた相違点２において，「潜在顧客の心理状態に応じて選択され潜在顧客の心理状態に応じて異なるメンタルケアを行う複数の異なるホストクラブ仮想現実動画ファイル」は，引用例にも「メンタルケア」や「心理状態に応じて複数の異なる」仮想現実動画であることの記載も示唆もなく，周知であったという証拠もないとして，当業者が容易に想到し得たとはいえないと判断した。この点は，技術的事項というよりも，ビジネス方法にかかる内容に着目した判断のように見受けられる。

2　ゲーム制御プログラム事件[21]

　本発明は，オンラインの対戦型ゲームの制御プログラムについての発明で，請求項１には対戦ゲームにおいての制御方法がクレームとして示されているが，この点について当事者間に争いはなかった。引用発明は，YouTube に掲載されたオンラインゲーム紹介の動画であった。本件では，キャラクターカードの配置の表示方法（相違点２），キャラクターカードの補充位置の表示の違い（相違点６）が争点となった。裁判所は，容易に想到するものではないと評価したが，いずれもゲームのルール上の取り決めと考えられ，自然法則を利用していない点について，進歩性判断をした例と考えてよいだろう。

3　これまでの裁判例

　２つの最近の裁判例では，請求項に係る発明と主引用発明の相違点は，自然法則を利用していない非技術的要素で，実質的に発明該当性を満たさなくても進歩性を肯定していることになる。従前の裁判例において，自然法則の利用性を重視したと考えられる事例として，美術品販売支援システム事件[22]が挙げられる。本件は，美術品の販売支援システムに関する発明で，引用発明との販売システムに関する相違点が争点となった。引用発明は，「不特定多数の販売者のコンピュータ，不特定多数の購買者のコンピュータおよび中継サーバーが

公衆回線を介して接続されてなる物品販売支援システム」で，当該発明との相違点は，販売者が美術品の制作者であり，対象が美術品に限定するもので，美術品の絵画である作品表示条件データを設定できる点であった。

裁判所は，「「不特定多数の販売者」を「美術品」，特に「絵画」の制作者に限定するものであるが，このような限定は，システムの運用に当たるもので，（中略）ハードウエアにかかわるものではないことは自明」であるとして，当該美術品に限定した販売支援システムは容易に想到できるものとした。本件は，美術品に特定するビジネス方法であることが特徴であるが，この点を評価しなかったことは，発明の自然法則の利用と進歩性の判断に整合性が必要である立場を示していると考えられる。

また，非技術的構成要件を含む発明が容易に想到し得たものと判断された，個性診断情報提供システム事件[23)]は，本願発明が個性診断情報提供システムに関するもので，引用発明が動物占いよる性格診断方法であった。先行技術には各個性因子の具体的な決定方法は開示されていなかったが，裁判所は，「個性分析に関しては，各種の見解や理論が存在し，また，使用するコメント文の内容を，的中の妥当性に応じて取捨選択あるいは更新してゆくことが周知の技術であることは明らかである。したがって，どのような計算処理を行って各個性因子を決定するかということは，仮にその計算の過程において自然法則を利用することがあるとしても，全体としては人為的な取り決めに過ぎない」と判示した。進歩性の判断は技術的構成により基礎づけられることを示していると考えられる[24)]。

4 小 括

以上を踏まえて，請求項に係る発明と主引用発明の相違点がどのようであるべきかについては２つの立場が考えられる。①発明該当性の判断と進歩性の判断は別であるという立場と，②両者には関連があるべきであるという立場があるが，①の立場では，請求項に係る発明が，全体として「自然法則を利用した技術的思想」に該当すれば，発明該当性を肯定し，ビジネス方法やゲームのル

ールや取決めなどの技術的事項でないものが進歩性判断の相違点であっても，進歩性は肯定されうると考える。②の立場では，相違点に係る事項がビジネス方法・ゲームのルールや取決めそのものであって，自然法則を使用していない事項，そのような相違点を根拠として進歩性を肯定するのは，「自然法則を利用した技術的思想」を保護対象とする特許法の考えに矛盾すると考える。

　特許制度において発明該当性が特許要件における判断を基礎づける役割があるのはこれまでの事例からも異論はないと考えられるが，日本の審査基準や裁判例では①が採られており，進歩性判断の相違点には，発明該当性を満たさなくても進歩性を肯定する立場である。それでは，欧州・米国の立場を踏まえて比較法の観点からも検討することとする。

Ⅳ　諸外国との比較

1　米　　　国

　米国は，特許法101条に特許適格性についての規定を有しているが[25]，その範囲は「方法」，「製造物」，「組成物」についての発明とされており，非常に広範な範囲に及ぶ。そのため，これまでの判例を蓄積させた判例法理によって「自然法則」，「自然現象」，「抽象的アイデア」である場合には特許の対象としない（非法定主題）。2010年にビジネス方法の特許適格性を争ったBilski最高裁判決[26]を契機として，2012年から2014年にかけて，101条をめぐる3件の最高裁判決（Mayo事件[27]，Myriad事件[28]，Alice事件[29]）がある。その後，米国特許商標庁（USPTO）や下級裁判所では，Mayo事件とAlice事件において採用された2段階テスト[30]を引用し，厳格な特許適格性の判断が示されることが目立つようになったが，Alice最高裁判決後は，「特許適格性を有する発明」の焦点は，非法定主題の応用として，「物質的な具体化・変換」の有無を前提とする立場から[31]，実用的な応用に組み込む追加の要素を確認する傾向にある[32]。裁判例に対して迅速に審査ガイダンスの改訂を重ねてきたUSPTOは，Berkheimer v. HP Inc.判決[33]で，第2ステップの要件についての判断が新たに示されたことで，2019年1月と10月に審査ガイドラインの改訂を行っ

ている[34]。この改訂においては，Step-2A の Prong2 に「非法定主題の例外を実用的な応用に組み込む追加の要素を言及しているか」が追加され，技術的要素の観点が盛り込まれる形となった。権利化の場面に限っては，101 条を理由とする拒絶を確実に減少させる効果がでていることは指摘できよう[35]。101 条の考え方の前提として，万人に共通する科学的知識を「物質的な具体化・応用」として，いかに変換しているかを重視している点では，特許適格性の判断と新規性や非自明性の判断は，本質的に異なるものと考えられ，①の考え方に近いかもしれないが，最近では特定の技術的課題の解決を考慮する傾向がみられるので判別がつきにくい。

2 欧州特許庁（EPO）

欧州においては，欧州連合（EU）の発展とともに，1977 年に発効された欧州特許条約（European Patent Convention，以下 EPC）のもと，特許出願から特許付与までの手続きの統一化が図られている。各国の特許に加え，EPO が発行する欧州特許による保護が可能である。EPC では，52 条（1）に特許適格性を有する発明についての規定がある[36]。EPO では，1980 年代からの審決の積み重ねにより[37]，「技術的性質」を含むことを必要とし[38]，現在では，コンピュータの利用などを明示的に請求項に含んでいれば，特許適格性を満たすものと判断される[39]。また，除外規定にある「それ自体」に該当する場合には，技術的効果によって判断されている[40]。この除外規定には，社会活動における公知の基礎的理論や精神的行為等が含まれており，これらの共通点は技術的教示の欠如であり，非技術的な対象であると捉えられている[41]。さらに，課題－解決アプローチによって[42]，当該発明の技術的特徴と非技術的特徴に選別され，技術的特徴が自明であるかどうかを判断されることから，そもそも相違点に非技術的特徴が含まれることは考えにくい。前章の相違点の立場でいうところの②の判断がとられているといえる。

3　ドイツ[43]

ドイツにおける伝統的な「技術性」に対するアプローチは，欧州において大きな影響力があるところであるが，EPC 加盟国として，EPO との整合性をとりながらも，以下の点で独自の判断を行っている[44]。ドイツ連邦通常裁判所では，①コンピュータの利用などを明示的に請求項に含んでいるかの判断をした後，「技術的性質」（Technical Character）の有無を判断する。ここまでは EPO と同じ手法であるが，ドイツではさらに，②技術的手段が「具体的にその発明の技術的課題」（concrete the problem solution）を解決するものかどうかを吟味し，実質的な判断をしている[45]。ドイツにおいても EPO と同じ②の立場と考えられる。

4　英　　国

英国は判例法を採用していることから，先例に拘束性が伴う。そのため，EPO 審決に依拠しながらも，EPO で採用されている EPC52 条下の特許適格性に対する広い解釈は採用せず，判例を踏襲している[46]。すなわち，クレームに定義された発明が全体として，先行技術に対して技術的な貢献があるかどうかについての4つのステップ[47]を踏まえた判断がされている[48][49]。英国では，出願時の先行技術に対しての技術的貢献性を必要とするが，相違点の立場は②で，EPO やドイツと大きく異なることはなさそうである[50]。

V　検　　討

特許制度が発明の保護と利用を中心に据えた法であり[51]，その枠組みは技術革新と密接な関係を有しており，常に時代の要請に対応する必要がある。発明の保護すべき対象を検討するにあたっては，法律解釈と政策的問題を含むものといえることから，一義的に導き出すことは難しい。特許法上の発明の定義に明確さを求めすぎると，発明概念は固定化される一方で，時代の新しい要請には答えにくくなる[52]。制度趣旨に沿わない結果が導き出されることは避けるべきで，事例に応じた解釈が必要となるだろう。

　これまでの特許適格性の判断動向について，日本をはじめ，各国の状況を考察すると，法制度や政策的側面の違いがあるにしても，技術的要素を含むものであるか，人為的取決めや学問上の法則などの原理原則の先占であるかが判断されている点で，目指すべき方向性に大きな違いはないように考えられる。すなわち，特許適格性には，社会の情報の豊富化に資する発明として，特許要件の判断を円滑に行うための素材提供（有用な技術情報の特定）ができているかどうか，人間の創作活動における自由は確保できているかどうかの均衡を保つゲートキーパーとしての役割を有していると考えられる。

　一方で，我が国においては課題も存在する。近時のソフトウエア関連のビジネス方法発明において，進歩性判断時の請求項に係る発明と主引用発明の相違点が実質的に特許適格性を満たさなくても，発明が全体として特許適格性を満たしているとして，進歩性が肯定された事例がある。発明の定義をもつ我が国特有の問題であるかどうかまでは判然としないが，このような判断を示す諸外国の事例は見られない。

　EPO では，「技術的性質」を含むものであるかどうかという観点に加え，課題－解決アプローチによって，技術的特徴と非技術的特徴に選別され，技術的特徴が自明であるかどうかを判断されることから，そもそも相違点に非技術的特徴が含まれることは考えにくい。さらにドイツでは，EPO に同調する立場で，単にコンピュータを利用するという技術的手段を明示するだけでは特許適格性は認められず，その技術的手段が具体的にその発明の技術的課題を解決するものかどうかを判断する。英国においては，発明が出願時の先行技術に対して「技術的貢献」があるかどうかで判断されるので，ドイツや英国は EPO の立場と大きく変わらないと考えられよう。

　米国においては，依然，特許適格性の判断が不安定な状況にあるため，現状では判断がつきにくい。それでもこれまでの状況からして，ソフトウエア関連発明の場合には，「抽象的アイデア」であると判断されることが多くみられることから，非技術的要素を含む発明は，特許適格性判断で拒絶されることが予想される。

発明該当性に関する日本の運用は，審査基準や裁判例の蓄積により「自然法則の利用性」についての実質的な判断は行われてきたとはいえ，緩やかな判断が示されてきたといえる。本稿の立場としては，自然法則の利用性が発明の中枢として確立され，予測可能性も低いわけではないことから，現状から大きな変更を要すものではないと考えるが，それでも特許制度が発明を奨励し，国際的調和を目指すものであるためには，柔軟な対応だけではなく，特許適格性が新規性・進歩性という特許要件に対して相乗的に機能し，的確な役割を果たせているかどうかについて，持続的な検討をしていく必要があるように思われる。

Ⅵ　お　わ　り　に

本稿では，ソフトウエア関連発明における特許適格性の役割について再考することを目的として，我が国の発明の定義規定を基礎として，法制度，審査基準，裁判例，学説を整理した上で，ソフトウエア関連発明の特許適格性についての検討を行った。また同様に米国，欧州連合，英国における議論についても比較検討を行った。

その結果，特許適格性には，特許要件の判断を円滑に行うための素材提供（有用な技術情報の特定）ができているかどうか，人間の創作活動における自由は確保できているかどうかの均衡を保つゲートキーパーとしての役割を有していると分析した。各国の法制度や政策的側面の違いがあるにしても，人為的取決めや学問上の法則などの原理原則の先占に対して考慮した判断も見受けられることから，目指すべき方向性に大きな違いはないように考えられる。一方で，我が国においては，発明該当性と進歩性が相乗的に機能できるように持続的な検討を続けていく余地があるように思われる。

特許制度が発明を奨励し，国際的調和を目指すものであるためには，今後も諸外国との共通点や異なる点から示唆を得て，議論のできる土壌を醸成していく必要があるものと考えられる。

1）　本稿は，日本工業所有権法学会 2023 年度研究会における個別報告を基にしたものである。同

報告についてのご助言やご意見を下さった先生方に厚く御礼申し上げる。

2） 中山信弘＝小泉直樹編『新・注解・特許法〔第2版〕』【上巻】12頁（平嶋竜太）（青林書院，2017）。

3） 審判実務者研究会報告書2022（特許庁2023）；前田健「ソフトウェア関連発明の特許性判断における進歩性要件の役割」知的財産法政策学研究64巻（2022）73頁；同「ビジネス方法・ゲームのルールに関する発明の特許性と技術的範囲の判断」パテント74巻11号（別冊26号）（2021）33頁。

4） 中山信弘『特許法　第5版』101頁（弘文堂，2023）。

5） 東京高判平成11年5月26日判時1682号118頁（ビデオ記録媒体事件）；知財高判平成25年3月6日判時2187号71頁（偉人カレンダー事件）；中山・前掲注4）115頁。

6） 平成9年（1997）審査基準改定：プログラムを記録した記録媒体の保護，平成12年（2000）審査基準改訂：コンピュータ・プログラムを「物の発明」としての取扱いとした。

7） T1173/97, OJ 1999, 609 (1998).

8） *State Street Bank Group and Trust Company v. Singapore Financial Group Inc.*, 149 F. 3d 1368 (Fed. Cir 1998).

9） 産業財産権法（工業所有権法）の解説（平成14年法律改正　第1章）8頁。

10） コンピュータ・ソフトウエア関連発明の保護の変遷については，広実郁郎「IT時代の特許制度」情報処理学会研究報告85号（2001）1-10頁；中山信弘編著『通商産業政策史　第11巻　知的財産政策1980-2000』（経済産業調査会，2011）360-362頁。

11） 田村善之「特許発明の定義——『自然法則の利用』の要件の意義」法学教室252号（2001）13-18頁，平嶋竜太「ソフトウエア関連発明における自然法則利用性の評価について——回路シミュレーション方法事件判決を端緒とした検討」知的財産法政策学研究20号（2008）65-95頁；茶園成樹編『知的財産法入門』26頁（有斐閣，第3版，2020）。

12） 東京地判平成15年1月20日判時1809号3頁（資金別貸借対照表事件），東京高判平成16年12月21日判時1891号139頁（回路のシミュレーション方法事件），知財高判平成20年2月29日判時2012号97頁（ハッシュ関数事件）。

13） 知財高判平成26年9月24日平26（行ケ）10014号裁判所ウェブ。

14） 知財高判平成18年9月26日平17（行ケ）10698号裁判所ウェブ。

15） 物の構成と全く関係のない創作についての判例法理（物の本来の機能論）については，田村善之「特許適格性要件の機能と意義に関する一考察」同編著『知財とパブリックドメイン第1巻：特許法篇』72-85頁（勁草書房，2023）。

16） 知財高判平成20年6月24日判時2026号123頁。

17） 平嶋竜太「機械学習・深層学習関連発明がもたらす特許法における新たな諸課題」パテント73巻8号（別冊23号）（2020）170頁。

18） 『特許・実用新案審査ハンドブック』（特許庁，2019）附属書 B 第 1 章 2.1.1。

19） 前掲注 3)。

20） 知財高判令和 2 年 3 月 17 日令元（行ケ）10072 号裁判所ウェブ。

21） 知財高判令和 2 年 6 月 4 日令元（行ケ）10085 号裁判所ウェブ。

22） 知財高判平成 19 年 11 月 7 日平 18（行ケ）10564 号裁判所ウェブ。

23） 東京高判裁平成 17 年 1 月 26 日平 15（行ケ）540 号裁判所ウェブ。

24） 牛久健司「コンピュータ・ソフトウエア関連発明における問題点——特許法上の発明と進歩性との間——」パテント 63 巻 5 号（2010）163 頁；前田・前掲注 3) 89 頁。

25） 35 U.S.C. § 101：Whoever invents or discovers any new and useful process machine, manufacture, or composition of matter, or any new and useful improvement thereof, may obtain a patent thereof, subject to the conditions and requirements of this title. ヘンリー幸田『米国特許法逐条解説』60-91 頁（発明推進協会，第 6 版，2013）。

26） *Bilski v. Kappos*, 130 S. Ct.3218 (2010).

27） *Mayo Collaborative Servs. v. Prometheus Laboratories, Inc.*, 132 S. Ct 1289 (2012). 評釈として，井関涼子「米国における医療関連発明と特許保護対象適格性：自然法則・自然現象との区別に関する 2 つの米国高裁判決」知財管理 64 巻 5 号（2014）639-655 頁。

28） *Association for Molecular Pathology v. Myriad Genetics, Inc.*, 569 U.S. 576 (2013).

29） *Alice Corp. v. CLS Bank Int'l.*, 134 S. Ct. 2347 (2014). 評釈として，竹中俊子「Alice Corp. v. CLS Bank 米国連邦最高裁判決：ソフトウェア関連発明の特許適格性（発明該当性）の比較法的考察」『現代知的財産法　実務と課題　飯村敏明先生退官記念論文集』323-342 頁（発明推進協会，2015）。

30） Mayo 判決で採用された判断テストで，①クレームされた発明が，方法，装置，製造物，組成物のいずれかに該当するか，②クレームされた発明が，自然法則，自然現象，抽象的アイデアに該当し，追加された要素が特許適格性を有する発明として変換させるに十分な発明概念（inventive concept）が含まれているか，について判断をする。

31） Alice 最高裁判決以前の状況については，Joshua D. Sarnoff, "Patent-Eligible Inventions After Bilski: History and Theory", 63 Hastings L. J. 53 (2011); Chisum on Patents § 1.03[6][n].

32） Alice 最高裁以降，初めて特許適格性が認められたのが *DDR Holdings, LLC v. Hotels.com, L.P.*, 773 F.3d 1245 (Fed. Cir. 2014) で，その後は *Enfish, LLC v. Microsoft Corp.*, 822 F.3d 1327 (Fed. Cir. 2016), *McRO inc., dba Planet Blue v. Bandai Namco Games America Inc.*, 837 F.3d 1299 (Fed. Cir. 2016), *Finjan, Inc. v. Blue Coast Systems, Inc.*, 879 F.3d 1299 (Fed Cir. 2017) などが続く。

33） *Berkheimer v. HP Inc*, 890 F.3d 1369 (Fed. Cir. 2018).

34） https://www.uspto.gov/sites/default/files/documents/peg_oct_2019_update.pdf

35）　Aldo. Martinez, Still Receiving Alice Rejections? Time to Revisit USPTO Guidance, https://ipwatchdog.com/2022/10/17/still-receiving-alice-rejections-time-to-revisit-uspto-guidance/id=152173/

36）　同条は，日本特許法のように積極的に「発明」を定義せず，「発明」から除外されるものを52条（2）に列挙している。

37）　T208/84, OJ 1987, 14(1986).

38）　「技術的性質」は，「技術的性格」とも呼ばれ，条文からは読み取れないが，EPC 規則 42, 43, 欧州審査便覧 G-Ⅰ2（Ⅱ）に詳細な説明がされている。T1173/97, OJ 1999, 609(1998) 参照。

39）　T931/95, OJ 2001, 441(2000); T258/03, OJ 2004, 575 (2004); G3/08(2010); Gregory A. Stobbs, "Software Patents Worldwide" (Kluwer Law International, 2014) pp.42-52.

40）　Brad Sherman, "Computer Programs as Excluded Patentable Subject Matter", in "Expert's Study on Exclusions from Patentable Subject Matter and Exceptions and Limitations to the Rights", Annex II, SCP/15/3, WIPO, Geneva, Sep. 2010; G1/19 (2021).

41）　Benkard/ Melullis, Europäisches Patentübereinkommen, 4. Aufl. (2023), EPÜ Art. 52 Rn. 276.

42）　2002 年 Comvik 審決（T641/00）において，発明の技術的課題の認識が必要とする考えに基づき導入。①最も近い先行文献の特定②発明と先行文献の違いの特定③当該発明の技術的効果の把握④解決されるべき技術的課題の把握⑤技術的特徴と非技術的特徴の選別⑥技術的特徴が技術的課題を解決できるか⑦その技術的特徴が自明か否か，で判断を行う。

43）　Schulte/ Moufang, Patentgesetz mit EPÜ (Kommentar), 11. Aufl. (2021), „Patentfähige Erfindungen", Rn. 165-194.

44）　Richtlinien für die Prüfung von Patentanmeldungen (Guidelines for the Examination Procedure), P.2796 (2022).

45）　*X ZR 647/07*(Wiedergabe topografischer Informationen：地形情報の表示方法) GRUR 2011, 125; *X ZB 1/15*（Flugzeugzustand：航空機の状態の判断方法）GRUR 2015, 983.

46）　*Aerotel Limited v Telco Limited; Macrossan's Application*［2007］R.P.C.7;［2006］EWCA Civ. 1371.

47）　UK Intellectual Property Office, Manual of Patent Practice-Patent Act 1977, Part 1: New Domestic Law, Patentability, Section 1: Patentable inventions, at 1.18. ①適切なクレーム解釈，②発明の貢献の特定，③その貢献が除外事項に該当するか否か，④その貢献が技術的性格をもつか否かのステップで判断する。

48）　*HTC Europe Co Ltd v Apple Inc.*［2013］EWCA Civ 451：マルチタッチを入力するソフトウエアが EPC52 条（2）：英国特許法1条のコンピュータ・プログラムに該当するか否かが問われたが無効とされた。

49）*Lantana Ltd v The Comptroller General of Patents*, Civ1463 [13 Nov 2014]: データ送信の方法発明について，Four Part Test を用いて判断され，従来からも利用されているソフトウエアそのものとして，技術的貢献がないと判断された。

50）英国は 2020 年に EU を離脱したが，引き続き EPC 締約国であり，EPO は EU の機関ではないため，大きな影響はないものと考えられるが，今後の動向は注目される。

51）中山 = 小泉・前掲注 2）11 頁。

52）中山・前掲注 4）99 頁。

＊ ウェブサイトは，全て 2023 年 12 月 28 日最終確認。

＊ 本研究は，科研費 22H00799，旭硝子研究助成を受けたものです。

特許権の属地性——ドイツ法の現状からみえてくるもの

駒　田　泰　土

I　は じ め に

わが国の裁判所は，特許権の侵害について，一般国際私法上の連結原則に従った処理を行わないことが通例である。周知のように，一般国際私法においては，連結点を介して特定国の実質法が準拠法として指定され，当該法律関係に適用される。そのように準拠法として指定されれば，通常，当該実質法の地理的な適用範囲はそれ以上問題とされない[1]。しかしながら，特許権侵害の場合は異なる。裁判所は，登録国法（準拠法）として日本特許法の適用を肯定しながらも，特許権の効力に抵触する事実の評価を通して，その地理的な範囲を問題にしている。

それは，属地主義という原則の解釈によって生じている。判例によれば，各々の国の特許権の効力はその領域内に限定されるので，わが国の特許権が侵害されるのは，わが国で効力違反があった場合だけである（最判平9・7・1民集51巻6号2299頁［BBS］，最判平14・9・26民集56巻7号1551頁［カードリーダ]）。したがって，わが国の特許法がすでに準拠法として指定されているにもかかわらず，内国で効力違反がないという地理的な問題を理由として，裁判所が内国特許権の侵害を否定するといったことが起こりうる。この場合，「登録国」という一見連結点にみえるものは，地理的な範囲の面で真の適用基準となってはいない。「登録国」とは単に，原告がどの国で登録された特許権を援用しているのかを明確にする程度の意味しかもたないのである[2]。そのような基準はむしろ，権利効力規定——たとえば「実施」概念を定めた規定——の解釈の中に

存在している[3]）。

　実際，実施構成事実のすべてが内国で生じていなければ，内国特許権の侵害が成立しないかのように論じた裁判例がある。最近の事例としては，システムの発明（物の発明）に関する東京地判令 4・3・24 令元（ワ）25152 号［ドワンゴ I］が挙げられよう[4]。同判決において東京地裁は，システムの一部構成要件に相当するサーバが外国に存在すること等を理由に，被告らによる生産実施を否定した。

　だが，このような厳格な立場は，控訴審判決である知財高判（大合議）令 5・5・26 令 4（ネ）10046 号［同 2 審］によって捨て去られた。同判決において知財高裁は，諸事情を総合的に考慮した結果，システムを新たに作り出す行為が内国で行われたとみることができれば，当該行為は生産実施に該当するという一般論を示した。その上で，被告米国法人による生産実施を肯定し，原告の有する内国特許権の侵害を肯定した。

　原審判決と控訴審判決の結論はこのように正反対であるが，いずれも準拠法はわが国の特許法であると明示しているにもかかわらず，実際には実施概念の解釈によって地理的範囲の問題を解決しているという点で共通している。

　ところで，筆者がした比較法研究によれば，特許権について上記のような連結原則を採用しているという点で，わが国は孤立した国ではない。ドイツにおいても，ほぼ同様の連結が行われている。すなわち，形式的には保護国法（Recht des Schutzlandes）によるという準拠法選択規則が承認されているが，地理的範囲の問題解決は，実際には実施概念等の解釈を通して行われている。そこにおいて属地主義（Territorialitätsprinzip）が指針とされている点も，わが国と異ならない（そもそもこの原則は，ドイツから継受したものではなかろうか[5]）。

　しかし，後述するように，ドイツの裁判例は内国特許権の域外的な効力拡張に以前からかなり積極的であり，厳格な属地主義からようやく一歩外に踏み出そうとしているわが国[6]とは対照的である。こうした対比から何がいえるだろうか――本稿はこの課題に取り組むものである。ただし，紙幅の関係上，以下では参照されることが少ないドイツ法の現状説明を中心とし，日本法の詳細な

説明は割愛することにしたい。

Ⅱ　ド　イ　ツ　法

　本稿では，特許製品等の国際流通と方法発明の隔地的使用の２局面に焦点を当て，ドイツにおける裁判実務を眺めていくことにする。その際，ドイツを「内国」，ドイツ特許及び欧州特許のドイツ国内部分のいずれも「内国特許」といい，その他の国を「外国」ということがある。上記２局面に焦点を当てるのは，とくにそれらの分野において裁判例の蓄積がみられるからである。

　関連条文を整理しておこう。ドイツ特許法（以下「PatG」）９条１号[7]には，「流通の申出（Anbieten）」と「流通（Inverkehrbringen）」という実施概念が規定されている。流通には，特許製品の譲渡のほかに貸与（Vermieten / Verleihen）も含まれる[8]。また同条２号には，方法発明の「使用（Anwendung）」と「使用の申出」という実施概念が規定されている。

　PatG10条１項[9]には，間接侵害に係る規定がある。それによると，特許発明の本質的要素に係る手段（Mittel）の第三者による「譲渡（Lieferung）」又は「譲渡の申出」（以下，「譲渡等」）は，以下の要件をすべて充たす場合，禁止される。
- ・　当該手段が，実施権限を有する者以外の者に譲渡等される
- ・　当該手段の譲渡等が内国で行われる
- ・　当該手段が内国での実施のために譲渡等される
- ・　当該手段が特許発明の実施に適していて，かつそれに供されることを目的としたものであることを，第三者が知っている／状況からそのことが明白である

　上記の第２・第３が間接侵害成立の要件とされていることから，当該要件は二重の内国関連性（doppelter Inlandsbezug）要件といわれている。

　ドイツの裁判例において援用されることは少ないが，ローマⅡ規則（EC 864/2007）８条に準拠法に係る規定がある[10]。それによれば，侵害から生ずる契約外債務の準拠法は保護国法（その領域について保護が要求される国の法）であ

る（1項）。共同体知的財産権の場合は，原則的にこれは侵害地法とされている（2項）。ローマⅡ規則は，一般不法行為について当事者による事後の法選択（当事者自治）を認めているが（14条），知的財産権の侵害についてはこれを認めていない（8条3項）。

1　特許製品等の国際流通

特許製品等の国境を越えた流通には様々な形態があり，ドイツの裁判所は，そのそれぞれについて内国特許権がいかなる要件の下で侵害されうるかを明らかにしている。

（1）外国から内国の顧客宛に特許製品を譲渡する場合

連邦通常裁判所（以下「BGH」）の判例によれば，上記の場合，当該製品の所有権，占有，危険負担が顧客に移転した場所の如何にかかわらず[11]，譲渡人は内国特許を侵害することになる（2015年2月3日BGH判決［暗号化[12]]）。

（2）外国から内国の顧客宛に間接侵害品（PatG10条1項にいう特許発明の本質的要素に係る手段のこと。以下括弧つきで「手段」という。）を譲渡する場合

判例によれば，このような譲渡も内国特許を侵害する（前掲暗号化事件BGH判決）。

（3）内国から外国の顧客宛に特許製品を譲渡する場合

これを侵害とする見解があり，戦前のドイツ最高裁が言い渡した一群の判決や商標の事例である1957年1月15日BGH判決[13]が根拠として引用される[14]。もっとも，現行特許法下ではリーディングケースと呼べるものはないのではないかと思われる。よって，次に述べる間接侵害の場合と同様に解してよいのではないか。

（4）内国から外国の顧客宛に「手段」を譲渡する場合

判例によれば，この行為は原則として内国特許権を侵害しない（2007年1月30日BGH判決［時計Ⅱ事件][15]）。ただし，内国での特許発明の実施を目的として「手段」を譲渡するのであれば，内国特許権を侵害する（同判決）。

当該判例の事案は次のようなものである。Y が時計のある機構について内国特許権を保有していたところ，ドイツの会社 X は，電波時計のギア・トレインを製造し，香港の会社 H に供給していた。H はそれらを用いて電波時計を製造した。H は当該時計をケルンで K に供給した。Y は K に侵害警告を行い，それを受けて H は X にした注文をキャンセルした。X は，Y が差止請求権を有しないことの確認，誤った侵害警告を理由とする差止め，会計情報の提供，損害賠償義務の確認を請求した。BGH は，（上記解釈によれば）X が Y の特許権を侵害した可能性があるが，X が内国における本件特許発明の実施のために「手段」であるギア・トレインを H に供給していたといえるか否かの事実認定を控訴審が行っていないとして，差戻判決をした。

（5）外国で外国の顧客宛に特許製品を譲渡する場合

判例によれば，このような行為は原則として内国特許権を侵害しないが，例外がある。すなわち，①顧客が特許製品を内国に流入させることを譲渡人が知りつつ譲渡している場合（前掲暗号化事件 BGH 判決）[16]，及び②譲渡人がそれについて不知であっても，顧客による内国特許権の侵害を疑わせる具体的な徴表（konkrete Anhaltspunkt）が存在するのに，何もしないでいる場合（2017 年 5 月 16 日 BGH 判決［膨張物密封システム］[17]，2021 年 6 月 8 日 BGH 判決［超音波変換器][18]）である。そのいずれかの場合には，譲渡人は内国特許権の侵害責任を負うことになる。

これらの例外法理は，ドイツ法における規範的侵害主体論（Passivlegitimation）たる妨害者責任論（Störerhaftung）上の帰結とされている[19]。とくに②は，元々国内事案（輸入に係る事例）で承認されていた法理[20]を，国をまたぐ事案にもあてはめたものである。

では，具体的にはどのような場合に上記徴表の存在が肯定されるのであろうか。判例は，顧客の購入量が当該知的財産権の保護が存在しない市場（外国）でのみ販売するには多すぎるような事実や，顧客の購入態様が内国市場における顧客の潜在的な侵害行為と顕著に結びついている事実[21]を例として挙げているが，判例そのものを紹介したほうがよいであろう。前掲膨張物密封システ

ム事件 BGH 判決は，被告製品の多くが外国で譲渡されているが，当該製品が内国で差止請求の対象になると，その経済的影響が甚大であると１審で被告が主張していた点を踏まえ，仮にそれが事実だとすると，顧客による侵害を被告が疑うべき具体的な徴表の存在があるとしている[22]。また，前掲超音波変換器事件 BGH 判決は，被告が外国で譲渡した製品（駐車センサー）を購入した特定の会社が，同製品を組み込んだ最終製品（自動車）を内国で販売していることについて，内国特許権者である原告が被告に手紙を送って照会しているので，これにより具体的な徴表の存在を肯定できるとした。

　例外法理の下では，外国で譲渡された特許製品も内国特許権の侵害品となりうるが，その場合の請求対象製品の範囲は，どのように決定されるのであろうか。判例には，内国特許権の侵害を疑わせる具体的な徴表を有する第三者に譲渡される製品の範囲としたものがある（前掲超音波変換器事件 BGH 判決）[23]。これによれば，内国市場とは無縁である第三者に譲渡する製品については，差止請求や損害賠償義務確認請求は認容されないことになる。

　⑹　外国で外国の顧客宛に「手段」を譲渡する場合

　この場合についての判例は見当たらないが，学説は特許製品を譲渡した場合と同様に解している[24]。

　⑺　内国で流通の申出がされ，流通（譲渡）が外国で行われる場合

　ドイツ法において，申出は独立した実施行為であり，事後の譲渡や使用の準備行為ではないと解されている[25]。したがって，契約の締結に至らなくても，需要喚起行為自体が申出と評価され，侵害を成立させると解されている。

　そのことを理由の一つとして，上記の場合に当該申出行為は原則として内国特許権を侵害するとした裁判例がある（2004 年 9 月 16 日デュッセルドルフ高裁決定［見本市Ⅱ][26]）。また同裁判例は，仮にそのように解しないとしたら，内国の会社に申出がされた後，対応特許が存在しない外国の子会社又は提携会社が特許製品を安価に購入して使用する事態が起こりうる，ということも指摘している。

　ただし，別の裁判例は，申出の際に事後の譲渡地から内国が明確に除外され

ている場合には非侵害であるとしている（2014 年 3 月 27 日デュッセルドルフ高裁
判決［滅菌コンテナ］等27)）。明確に除外されていなければ，事後の譲渡地が外
国であっても侵害が成立することに変わりはないが，外国での流通を対象とし
ていることが明確であるような申出行為は，侵害を成立させないということで
ある。

　内国での申出が内国特許権の侵害と判断されたものの，事後の譲渡地が外国
である場合，当該申出行為は，どのような損害を特許権者に生じさせること
になるのだろうか。やや古い判例によると，当該損害は申出対象の製品をもとに
計算されるべきであり，そこには当該外国で生じた需要喪失による損害が含ま
れる（1960 年 3 月 29 日 BGH 判決［交差底バルブバッグ]28)）。この判例の事案は，
被告が内国特許発明の構成要件を一部充足しない製品を製造し，外国の顧客に
販売しており，当該顧客はその工場内で被告の助力を得て構成要件を全部充足
する製品に改変していたというものであった（被告は，販売と改変の助力を内国
で申し出ていた）。BGH は，被告の製造販売行為は非侵害としつつ，当該申出
のみを侵害と判断し，上記の損害論を展開している。

2　方法発明の隔地的使用

　特許発明たる方法を構成する工程の一部が外国で実行された場合に，内国特
許権の侵害が成立するか。この問題に対する判断を示したドイツの裁判例は，
まだそれほど多くないという印象を受けるが，それでも一定の判例法理が形成
されつつある。

(1)　間接侵害肯定例

　工程の一部が外国で実行されることによって中間物が製造され，それが内国
に持ち込まれたというケースで，内国特許権の間接侵害を肯定した判例（2007
年 2 月 27 日 BGH 判決［溶接方法]29)）がある。事案は，Y2 が特許発明の前半工
程を外国で実行し，溶接データを読み込んだ溶接機を製造し，それを Y1 が内
国に持ち込んで販売したというものであった。Y1 から溶接機を購入した第三
者が溶接作業を行っていたが，この溶接機の製造からそのデータを使用した溶

接までが，当該特許発明の技術的範囲に含まれていた。

　BGH は，この溶接機を「手段」と評価して，その製造販売を行った Y1・Y2 の間接侵害責任を認めた。この場合，厳密にいえば，中間物である溶接機は，本件特許方法を実施するためのものというよりは後半工程の実行のために譲渡されたものに当たる。それでもなお BGH は，当該溶接機が PatG10 条 1 項にいう「実施に適した物」であって「実施に供されることを目的とした物」に当たると評価したわけである。

　本件は，間接侵害成立の前提として，複数人が分担した場合でも方法発明の実施が行われたといえるかが問題となったケースでもある[30)31)]。この点について BGH は，中間物が特許発明たる方法の使用にとって必須のものといえれば，複数人の共同行為（Mittäterschaft）や併存（同時）行為（Nebentäterschaft）による直接侵害が成立するという解釈を提示している[32)]。それらは刑法又は不法行為法上の概念であり，ドイツではこのように，刑法上の共犯あるいは共同不法行為の概念を手掛かりに侵害主体論が展開されている[33)]。なお，ドイツ法において，共同行為とは複数人が意思を連絡し故意に行う行為をいい，併存（同時）行為とは複数人が意思を共通させることなく独立した個々の行為を実行することによって一の法益侵害又は損害を生ぜしめる行為をいう。

(2)　直接侵害に関する判例法理

　方法発明の隔地的使用による内国特許権の直接侵害の成否については，前掲溶接方法事件 BGH 判決を踏まえて，デュッセルドルフ高裁及び地裁が以下のような一般論を展開している（2009 年 12 月 10 日同高裁判決［プリペイドカード][34)]，2017 年 3 月 23 日同高裁判決［出生前診断][35)]，2020 年 7 月 28 日同地裁判決［視力検査][36)]）。

　まず前提として，外国における行為を内国行為者の責に帰することができるのであれば，当該方法の使用は内国で生じたと評価される。ここでいう「責に帰する（zurechnen）」とは，内国行為者が内国で生じる侵害結果のために外国における実行の成果を自分のものにすること（sich der Täter sie zu Eigen macht）であると説明される。

48

　この意味における帰責性は，侵害結果が内国で商業的に利用されるという事実によっては肯定されない。また，内国行為者が外国行為者を教唆又は誘導しているという事実によっても肯定されない。帰責性は，特許発明の成功（Erfindungserfolg）が内国で生ずる場合に肯定される。

　内国行為者の帰責性が肯定されたとしても，直ちにこの者の侵害責任は肯定されない。それのみでは，侵害主体の範囲が過度に拡張されるおそれがあるからである。それゆえ，経済的かつ規範的な考察方法（eine wirtschaftlichnormative Betrachtungsweise）による絞り込みが求められる。その際には，被告の行為が内国市場における効果発生を企図したものか否かが重要な指針になる。

　なお，物を生産する方法が特許されていて，外国で中間物が製造され，内国で最終製品化される場合，外国で実行された工程は，内国行為者の責に帰すると評価される。逆に内国で中間物が製造され，外国で最終製品化される場合には，発明の成功へと導く部分は外国で生じているものと判断され，内国で実行された工程は外国行為者の責に帰すると評価される。後者の場合には外国特許権を侵害する可能性があるが，内国特許権の侵害は成立しない。

　以上が，デュッセルドルフ高裁及び地裁によって近年展開されている方法発明の隔地的使用に関する判例法理である[37]。これによれば，内国行為者の帰責性が，内国特許権の侵害責任を肯定する上で重要な第一歩となるが，裁判例は，この者による（外国行為者に対する）管理支配でもなく，特許発明の（内国における）商業的な利用でもなく，その「成功」という，やや漠然とした概念に依拠している。そして，特許発明の成功は，クレームに基づいて判断すべきであるということが強調されている。つまり，技術的なアプローチに依拠しているようにみえるが，裁判例によれば，発明成功地とは特許発明の作用効果が奏される地を意味する，というわけでもないらしい。

　(3)　直接侵害肯定例

　前掲視力検査事件デュッセルドルフ地裁判決を検討して，その点を確認しておこう。本件特許権は，インターネット・ユーザにパソコン上でオンラインによる視力検査をさせ，その視覚機能のデータを取得し，これを眼鏡の処方箋に

変換する方法の発明についてのものであった[38]。オランダの企業である Y1 は，この方法を用いたサービスを内国のユーザに提供していたが，最終工程に相当するデータ変換作業はオランダで実行していた。

　この事案では，本件特許発明の作用効果はオランダで奏されたと考えられるが，デュッセルドルフ地裁は，発明成功地は内国であると判断した[39]。理由として，本件特許発明の技術的思想を用いることによって，視力測定用のレンズもその他の機器も，内国では必要とされなくなったという点を指摘している。念のため，判旨を引用しておこう。

　「…特許発明の成功は，当該発明たる方法の完遂においてだけみられるわけではなく，その意図された便益（Vorteile）の内国における獲得においてもみられうる」。「本件特許発明の技術的思想を用いることにより，視力測定用のレンズも，その他の機器も，内国において必要とされない」ので，その便益は内国で生じている。

⑷　直接侵害否定例

　同じ規範を用いて内国特許権の直接侵害を否定したケースもある。前掲出生前診断事件デュッセルドルフ高裁判決がそれである。本件特許権は，母体から血液サンプルを採取し，そのサンプルを用いて胎児の遺伝子異常を診断する方法の発明についてのものであった[40]。Y1 は内国で産婦人科医に母体から血液サンプルを採取させ，当該サンプルを提携先の米国研究所に送り，遺伝子異常の検査をさせ，その診断結果をサンプル採取者に伝達し，内科医又は被験者に通知するというサービスを提供していた。

　デュッセルドルフ高裁は，本件では商業的利用だけがドイツ国内で生じており，本件特許発明の成功は米国で生じていると判断した[41]。その一方で，傍論として，本件特許のクレームが，仮に診断に加えて被験者への開示までの工程を含んでいたら，結論は異なっていただろうということも指摘している[42]。

3　判例法理の要約

　ドイツ法の状況はだいたい以上の通りであるが，これを要約すると以下のよ

うにいうことができる。

同国の判例は，実施構成事実の全てが内国で生ずることを，属地主義の下で
要求していない。総じて内国と一定の関連性が認められれば，内国特許発明の
実施を認める傾向がある。すなわち，以下の例について内国特許権の侵害を認
めている。

- 外国から内国に向けて行う特許製品の譲渡
- 最終的に内国で実施するために行う内国から外国への「手段」の譲渡
- 外国における譲渡で内国特許を侵害する顧客宛に行うもの
- 外国の顧客への申出で内国における譲渡を明確に申出対象から排除しな
   いもの
- 外国で実行された工程につき内国行為者の帰責性を肯定できる方法発明
   の使用で，内国市場における効果発生が企図されているもの

ただし，特許製品の国際流通と方法発明の隔地的使用とでは，判例の蓄積の
度合いに大きな違いがみられる。前者に関する判例法理は，戦前の最高裁や
BGH の判決によって支えられているが，後者に関する判例法理は，未だ前掲
プリペイドカード事件デュッセルドルフ高裁判決がリーディングケースと位置
づけられており，十分に確立されたものとはいえない。今後の展開によっては，
別の法理がスタンダードになっていく可能性もある。

ともあれドイツでは，属地主義はかなり緩やかに運用されている。国内事案
で形成された規範的侵害主体論を渉外事案にもあてはめ，外国で行為する者に
内国特許権の侵害責任を負わせる判決さえみられるところである（前掲膨張物
密封システム事件 BGH 判決，前掲超音波変換器事件 BGH 判決等）。その一方で，な
ぜそのように属地主義を緩やかに運用できるのかについて，同国の裁判所はこ
れといった説明をしていないことも特徴的である。

Ⅲ　若干の考察──日本法への示唆も含め

特許権等に関する属地主義にどのような法的根拠があるのかは，ドイツにお
いてもかつてかなり疑問視されたことがあるが，戦前の最高裁や BGH が繰り

返しこれを援用してきたことから，結果的には判例法の一種として妥当するに至っている。しかし，そのように理論的な基礎づけが不十分であるからこそ，同国の属地主義は事実上判例のみが指針となっている。すなわち，裁判所によるその都度の判断で，ドイツ特許法の地理的範囲がアドホックに決定されている。この状況は，独禁法等の経済法をめぐる状況に似ている。それらの法領域においても，内国法上の個々の法律要件の解釈を通して，その地理的範囲も同時に決定されている。同国の学説上も，それら経済法の抵触法原則は，方法論的には後付けで明らかになるもので，今のところ一貫した規範は存在しないと指摘するものがある[43]。

　ただそうはいっても，ドイツの判例は，内国市場保護の観点から，ときに内国特許権の域外的効力を承認してまでも，その実効性を確保しようとしているように筆者の目に映る。もちろん，内国における第三者の行為のみを規制することでも，特許権者の内国における経済的利益は一般に保全されうる。しかし，実施の一部を外国で行う者，又は外国で（内国における実施の）準備行為を行う者の行為によって，内国市場における特許権者の利益が効果的に侵奪されるような事例もある。そうした事例の全部とはいわないが，一部については，例外的に内国特許権の域外的効力を肯定してよいだろう——ドイツの判例からはそのような達観めいたものが感じられる（それでも，同国の判例法理が，すべての局面で内国市場保護にとって十分かといえば，疑問も残るが——前掲出生前診断事件デュッセルドルフ高裁判決）。

　翻って日本法についてはどうか。既述のように，わが国の裁判例も，（ドイツと同様に）権利効力規定の解釈に基づいて連結を行っていると考えられる。また，前掲知財高裁大合議判決は，内国特許権の保護のために属地主義が緩和されうることを明示している。とはいえ，そこで示された緩和の方法は，単に次の事情——ネットワーク型システムを新たに作り出す行為の具体的態様（①），当該システムを構成する各要素のうち内国にあるものが当該発明において果たす機能・役割（②），当該発明の効果が得られる場所（③），その利用が特許権者の経済的利益に与える影響（④）等（⑤）——を考慮せよというもの

である。その上で同裁判所は，被告米国法人がそのサービスに利用する複数の
システム（その構成要素を成すサーバが米国に所在していた。）にほぼ同様の評価を
与え[44]，①ないし④の事情のいずれについても原告特許権者に有利に判断し
て，生産実施の成立を肯定している（同時に，それら生産実施の主体も当該被告で
あると判断している）。

　すでに指摘されているが[45]，この判決の下で属地主義をどこまで柔軟に解
釈できるかは不明である。たとえば，システムによっては，①②の事情が特許
権者側に不利であって，③④が有利というものもあるだろう。その場合に，果
たして内国特許権は行使可能なのか否か。判旨には，ユーザ端末の内国におけ
る所在のみで実施該当性を肯定すべきでないと述べたくだり[46]や，そもそも
属地主義を緩和しうるのは，システムを構成する要素のうちサーバのみが外国
にある場合に限定されるかのように述べたくだり[47]もある。それらの説示を
額面通りに受け取ると，本判決が属地主義を緩和したといっても，実際に緩和
が認められるのは，本件とほぼ同様の事案に限定されるのではないかとさえ思
われなくもない。

　新規な発明によってもたらされる公衆の厚生は，その最終需要が満足された
ときに，最大化する。また，最終需要が存する地において，発明は最大の経済
的利益を生み出すことができる（そして当該利益は，特許権者に次なる発明に向か
うインセンティブを与える）。一方で，ネットワーク関連発明のうち，その重要
部分の所在と商業化の場所を切り離しうるタイプのものに関しては，前者を特
許登録の存しない国（パテント・ヘイヴン）に置くことは，通常，容易である。
したがって，前者を殊更に重視することは，フリーライダーによる内国特許権
の潜脱を容易ならしめる。権利効力規定の解釈を通した連結という現状の枠組
によるにしても[48]，裁判所は，今後，内国の市場保護を強く意識した内国法
への連結を図るべきである[49]。市場地（最終需要地）法への連結は，ネットワ
ーク関連発明の利用を試みる第三者にとって予見可能性に欠けるという指摘も
あるが[50]，この指摘は一体どのような限界状況を念頭に置くものかは明らか
でない。市場地（最終需要地）は，当該利用を行う者との関係で決定される[51]。

そしてこの者は，通常，どこで商業化を行っているかを認識しているものであり，それゆえその地の特許権の行使を認めたとしても，多くの場合，不意打ちにはならない。あるいは，ユーザ端末からの一方的なアクセスによってネットワーク関連発明の商業化が可能となり，わが国を含む当該第三者の意図せぬ国において商業化が生ずる，というような状況が念頭に置かれているのだろうか？　しかしその場合でも，ジオ・ブロッキング等の技術的措置を活用し，予めそうした状況を生まないようにする道はあろう[52]。

　　※　本稿は，2023 年 6 月の研究大会前に入手しえた情報に基づいて執筆したものである。それ以降の情報に基づく内容のアップデートは行っていない。

1）　ただし，実質法の中にも地理的範囲を限定する規定が存在することはよく知られており，それらは講学上，自己制限規定（norme autolimitée）といわれている。しかし，自己制限規定の場合には，まさにその制限のゆえに適用が認められない事案であっても，それが属する国の法秩序がすでに準拠法として選択されていることに変わりはない。したがって，当該自己制限規定の適用がない場合，同一法秩序内の他の規定（たとえば普通法のそれ）が適用されるか，それともそのような他の規定が見つからないかのいずれかの結論になりうる。一方で，特許権の属地主義の場合，（どのような名目の法規定であろうと）実質的に権利効力規定である限り，この原則が適用されるので，どの国の法秩序においても普通法等による補完ということがおよそ考えられない。

2）　したがって，「登録国法による」といっても，そこに抵触法的な意味はない。
　　　もっとも，ドイツでは近年，いわゆる保護国法主義を，原告に法選択を許す抵触規則と解する見解が通説的地位を占めつつある。Vgl. K. -N. Peifer, „Internationale Zuständigkeit nach Art. 5 Nr. 3 EuGVVO und anwendbares Recht bei Markenrechtsverletzungen", IPRax 2013, 228 (230); J. Drexl in Münchener Kommentar BGB, Band 12, 7 Aufl., C. H. Beck, 2018, IntImmGR, Rdnr. 12; D. Krimphove in Soergel BGB Kommentar, Bd. 27/1, 13 Aufl., Kohlhammer, 2019, Rom Ⅱ Artikel 8, Rdnr. 249-255. 筆者自身はこの見解には与しないが，その理由については，紙幅の都合もあり，別稿で論じることにしたい。

3）　私見によれば，前掲カードリーダ事件最判も，このような連結方法を採用した判決である。権利効力規定の解釈によってその地理的範囲を画するのであれば，登録国が外国である場合には，当該外国特許法上の権利効力規定の解釈によって，その地理的範囲を画するほかなく，実際に最

高裁は米国特許法 271 条（b）項等の適用意思を確認しているからである（ただし結論としては，公序（法例 33 条）によってその適用を排除した）。このような連結方法は講学上「一方主義」といわれている。私見の詳細については，拙稿「カードリーダ事件最高裁判決の理論的考察」知的財産法政策学研究 2 号（2004）43 頁以下を参照。

4） ほかに，東京地判平 13・9・20 判時 1764 号 112 頁［電着画像］が挙げられる。これは方法発明に関するもので，使用実施が内国で生じているか否かを問題とした事例である。

5） ドイツにおける属地主義も，わが国におけるのと同様に，知的財産権に特有の概念とされている。一方，米国においても属地主義は承認されているが，それは連邦法一般について妥当する域外適用否定の推定（the presumption against extraterritoriality）にほかならない。この推定は，米国連邦最高裁によって「合衆国法は国内のみを規律し，世界を支配しない（United States law governs domestically but does not rule the world）」原則であると説明されたことがある。Microsoft Corp. v. AT & T Corp., 550 U. S. 437 (2007). 山川隆一が述べているように，「アメリカ合衆国では，国家管轄権に関する諸原則のうちで，国家はその領域においてその権限を行使できるという属地主義がもっとも伝統的なものであったことから，域外適用との関連では，属地性の推定，すなわち，国家の法規制は原則としてその領域内においてのみ可能であるという法理が生み出されて」おり，それはたとえば（特許法だけでなく）労働関係法規についても妥当するのである。ただし，「域外適用否定の可否は問題となる法規の解釈問題として決せられる」のであり，「合衆国の裁判所（とくに連邦最高裁）は，この点につき，法規の規制対象となる領域によって異なる態度を示してきた」（以上，山川「アメリカ労働法の域外適用と在外支店・子会社」筑波法政 23 号（1997）29（31）頁）。それゆえ，米国特許法について域外適用否定の推定がどのように働いているのか，当該推定はいかなる場合に覆滅されうるかを研究する意義は当然ある。この重要な仕事は，本シンポジウムでは愛知靖之によって行われる。

6） 近年では，わが国でも，属地主義を金科玉条のごとく援用して，思考停止することを正面から批判する意見が増えてきた。この意味において，たとえば平嶋竜太は，「属地主義なる『原則』の捉え方についても国ごとに差異がみられるのであって，絶対的なドグマのようなものではなく，その適用範囲をどのように画定すべきであるかという課題こそが重要」であって，「日本法では『金科玉条』として捉えられがちである属地主義の原則についても，外国法における理解や議論の現状等も踏まえて，その実質的な意義としての限界を明らかにする必要も高い」と述べている（平嶋「『国境を跨ぐ侵害行為』と特許法による保護の課題」IP ジャーナル 2 号（2017）24（30）頁）。また，愛知靖之も，「もはや『属地主義の原則』を無批判的に議論の前提に置くことができる時代は過ぎ去っているといえよう…少なくとも，属地主義の原則自体は，当然に議論のベースラインとなるものではなくなった。『属地主義の原則に反するから妥当ではない』と述べるだけでなく，『属地主義に反する』ことがなぜ『妥当ではない』のか，実質的な根拠を挙げてこれを論証し，互いの立場から議論を深めていくことが求められよう」と述べている（愛知「IoT 時代

における『属地主義の原則』の意義——『ネットワーク関連発明』の国境を越えた実施と特許権侵害」牧野利秋編『最新知的財産訴訟実務』（青林書院，2020）262（277）頁）。

7）　以下に拙訳を示す。

　　第9条　特許は，特許権者のみが，本法の施行領域内において，特許発明を実施する権限を有する効力をもつ。特許権者の許諾を得ていない第三者は，次の行為をすることを禁止される。

　　i）　特許製品を生産し，流通の申出をし（anzubieten），流通させ（in Verkehr zu bringen），若しくは使用し，又はそのいずれかのために輸入し，若しくは所持すること

　　（略）

8）　Vgl. C. Ann, Patentrecht, 8 Aufl., C. H. Beck, 2022, §33, Rdnr. 101. ドイツ法上一般に，有償貸与を Vermieten といい，無償貸与を Verleihen という。

9）　以下に拙訳を示す。

　　第10条

　　1.　特許はまた，本法の施行領域内において，特許権者の許諾を得ていない第三者が，特許発明を実施する権限を有する者以外の者に，当該領域内における当該発明の実施のために，その本質的要素に係る手段について譲渡の申出をする又は当該手段を譲渡することを禁じられるという効力をもつ。ただし，その第三者が，当該手段が当該発明の実施に適していて，かつそれに供されることを目的とした物であることを知っている又は状況からそのことが明白であることを条件とする。

　　（略）

10）　本条は，知的財産権の侵害から生ずる不当利得，事務管理，契約締結上の過失の問題にも適用される（13条）。侵害主体の決定も，本条が指定する準拠法の事項的適用範囲に含まれる（15条a号）。また本条による準拠法指定について，反致（renvoi）の可能性は排除されている（24条）。

11）　流通実施は，特許製品に関する法的な権利の移転ではなく事実上の支配力（Verfügungsgewalt）の移転をいうものと一般に解されている。Vgl. U. Scharen in Benkard Kommentar, 12 Aufl., C. H. Beck, 2023, §9 PatG Rdnr. 44; T. Kühnen, Handbuch der Patentverletzung, 15 Aufl., Carl Heymanns, 2023, A. V. 7 Rdnr. 421.

12）　BGH, Urteil v. 3. 2. 2015, BGHZ 204, 114 / GRUR 2015, 467 [Audiosignalcodierung].

13）　BGH, Urt. v. 15. 1. 1957, BGHZ 23, 100 = GRUR, 1957, 231 [Taeschner / Pertusin I].

14）　たとえば Ann, a. a. O. (Fn. 8), §33, Rdnr. 105. 他方で，単なる内国から外国への譲渡を内国特許の侵害と評価することに消極的な見解もある。A. Keukenschrijver in Busse / Keukenschrijver Kommentar, 9 Aufl., De Gruyter, 2020, §9 Rdnr. 107 („Nicht verletzend ist das Bewirken des Inverkehrbringens im Ausland vom Inland aus ohne weitere Inlandsberührung").

15）　BGH, Urt. v. 30. 1. 2007, BGHZ 171, 13 / GRUR 2007, 313 [Funkuhr II]. 本判決は，「手段」を

外国に向けて譲渡する場合であっても行為の一部分は内国で生じているので，当該譲渡は内国で実行されたといえるが，一般的には内国特許の禁止権を危うくしない行為であるので，原則として侵害が阻却されるとした（mit V. a. BGH, Urt. v. 4. 5. 2004, GRUR 2004, 758 [Flügelradzähler]）。

16) Mit V. a. BGH, Beschl. v. 26. 2. 2002, GRUR 2002, 599 [Funkuhr I].

17) BGH, Urt. v. 16. 5. 2017, BGHZ 215, 89 / GRUR 2017, 785 [Abdichtsystem]. 本判決は，内国での特許侵害について積極的な認識を持たない者の外国における行為について内国特許法上の責任を肯定したケースであり，内国での特許侵害を理由に外国の行為を侵害とするケースとははっきり区別されるべきものと評されている。Vgl. S. Steiniger, „Verletzung in Deutschland gültiger Patente durch Handlungen im Ausland", GRUR 2017, 875 (875 f).

18) BGH, Urt. v. 8. 6. 2021, GRUR 2021, 1167 [Ultraschallwandler].

19) Vgl. A. Verhauwen, „Verletzung eines Codieranspruchs druch Decodieren?", GRUR, 2021, 388 (390). 妨害者責任の法理は差止めによる救済のみをもたらし，損害賠償責任までは生じさせないというのが一般的な理解であるから，特許権侵害の場合は特別ということになる。

20) Vgl. BGH, Urt. v. 17. 9. 2009, BGHZ 182, 245 = GRUR 2009, 1142 [MP3-Player-Import].

21) Steiniger は，特許製品や「手段」の譲渡人は，基本的には顧客がいかなる特許侵害もしないだろうと信じることが許されるので，実際には特許権者が具体的徴表を証明することはしばしば困難であろうと論じている。Steiniger, a. a. O. (Fn. 17), 877.

22) BGH はこのように述べたものの，被告が当該主張を訂正又は補足したか否か等を同裁判所は判断できず，そもそも2審は同裁判所とは異なる法的アプローチを採用しているので，それに沿った被告の主張もないということで，結論を留保して差戻判決をしている。

23) 具体的徴表を有する外国の顧客に譲渡されたとしても，その製品の全部が内国に流入するとは限らないから，ある程度の一般化が当然の前提となっている。それらは内国における侵害を核とする製品群なのである（判旨もその点を指摘）。

24) Vgl. Steiniger, a. a. O. (Fn. 17), 877.

25) 流通の申出の意義については，最近出たある地裁判決（LG Düsseldorf, Urt. v. 26. 9. 2017 - 4b O 25/16）が，従来の判例による解釈を以下のようにまとめているので，ここに訳出しておく（この判決は，ドイツ国内で開催された国際見本市に特許製品（侵害品）の現物1台が出品され，残余の2台がトルコの空港に運ばれていたという事案に係るものであり，裁判所は内国における申出を侵害と認めた）。「流通の申出は，法目的に適った効果的な権利者保護のために純粋に経済的な観点から解釈されねばならない（vgl. BGH, Urt. v. 16. 5. 2006, X ZR 169/04, GRUR 2006, 927, 928, Rn. 14 - Kunststoffbügel）。この概念は，内国で行われた侵害品を需要の対象とするあらゆる行為をいう（BGH, Urt. v. 16. 5. 2006, X ZR 169/04, GRUR 2006, 927, 928, Rn. 14 - Kunststoffbügel; vgl. OLG Düsseldorf, Urt. v. 6. 4. 2017, I-2 U 51/16, BeckRS 2017, 109833, Rn. 75）。し

たがって，申出者が当該侵害品自体を生産しているのか，それとも第三者から取得して流通の申出を行っているかは，重要でない（vgl. BGH, Urt. v. 16. 5. 2006, X ZR 169/04, GRUR 2006, 927, 928, Rn. 14 - Kunststoffbügel; OLG Düsseldorf, Urt. v. 6. 4. 2017, I-2 U 51/16, BeckRS 2017, 109833, Rn. 75）。9 条後段 1 号の意味における流通の申出は，生産及び／又は譲渡等の準備に係る事実の存在も必要としない（vgl. BGH, Urt. v. 16. 9. 2003, X ZR 179/02, GRUR 2003, 1031, 1032 - Kupplung für optische Geräte; OLG Düsseldorf, Urt. v. 6. 4. 2017, I-2 U 51/16, BeckRS 2017, 109833, Rn. 75; OLG Karlsruhe, Urt. v. 8. 5. 2013, 6 U 34/12, GRUR 2014, 59, 62 - MP2-Geräte）。同様に，流通の申出が民法 145 条にいう契約申込の要件を充足するか否か，その申出が功を奏して引き続き製品の流通が行われるか否かも，さして重要ではない（vgl. OLG Düsseldorf, Urt. v. 6. 4. 2017, I-2 U 51/16, BeckRS 2017, 109833, Rn. 75 f.）。基準となるのはただ，当該行為によって侵害品に対する需要が実際に惹起され，それが満たされる見込みがあるか否かである（OLG Düsseldorf, Urt. v. 6. 4. 2017, I-2 U 51/16, BeckRS 2017, 109833, Rn. 76)」。

26)　OLG München, Beschl. v. 16. 9. 2004, InstGE 5, 15 [Messeangebot ins Ausland II].

27)　OLG Düsseldorf, Urt. v. 27. 3. 2014, GRUR 2015, 61 [Sterilcontainer]; LG Düsseldorf, Urt. v. 26. 9. 2017 - 4b O 25/16. もっとも，インターネット上の申出（Internetangebote）が内国特許を侵害するのは，諸事情の総合考慮によって内国との経済的な関連性が肯定される場合のみ，とするのが学説の立場である。Scharen in Benkard, a. a. O. (Fn. 11), PatG §9 Rdnr. 11; Keukenschrijver in Busse / Keukenschrijver, a. a. O. (Fn. 14), PatG §9 Rdnr. 106. Vgl. auch BGH, Urt. v. 13. 1. 2004, GRUR 2005, 431 [Hotel Maritime]. たとえば特許製品の潜在的な顧客が内国に存在し，申出がその集団に呼び掛けていることが明白といえるような事情があれば，そのような場合に当たるとされる。Vgl. Kühnen, a. a. O. (Fn. 11), A. V. 7 Rdnr. 411.

28)　BGH, Urt. v. 29. 3. 1960, GRUR 1960, 423 [Kreuzbodenventilsäcke].

29)　BGH, Urt. v. 27. 2. 2007, GRUR 2007, 773 [Rohrschweißverfahren].

30)　ドイツでは，直接侵害が間接侵害成立の要件とは解されていない（BGH, Urt. v. 7. 6. 2005, GRUR 2005, 848 [Antriebsscheibenaufzug]）。わが国では，これをわが国の独立説と同様の立場のように紹介する向きもあるが，PatG10 条 1 項はそもそも，間接侵害が成立する場合を，実施権限を有する者以外の者に「手段」を譲渡等する場合に限定しているので，構造的にかなりわが国の従属説に親和的である。ただし，特定の特許権制限規定（同 11 条 1 号ないし 3 号）によって実施を行える者を，同 10 条 1 項にいう実施権限を有する者の範囲から除外しているので（同 10 条 3 項），完全に従属説的ではない。

31)　PatG10 条 1 項は，すでにみたように二重の内国関連性要件を課していることから，このケースも純粋国内事案に係るケースといわれることがある。しかしこの部分の説示は注目に値しよう。

32)　この説示は，より最近の BGH 判決によっても踏襲されている。BGH, Urt. v. 3. 2. 2015, GRUR 2015, 467 [Audiosignalcodierung].

33) この点は，共犯の規定等を特段参照せずに（主に著作権の分野で）侵害主体論を展開している わが国の判例（そのため，「総合考慮」という名のブラックボックスと化しつつある）との大 きな違いでもある。いずれにしてもこの種の判例は，ドイツでは枚挙にいとまがない。Vgl. Scharen in Benkard, a. a. O. (Fn. 11), PatG §10 Rdnr. 27 ff.; Keukenschrijver in Busse / Keu-kenschrijver, a. a. O. (Fn. 14), PatG §10 Rdnr. 30 ff.

34) OLG Düsseldorf, Urt. v. 10. 12. 2009, InstGE 11, 203 [Prepaid-Karten].

35) OLG Düsseldorf, Urt. v. 23. 3. 2017, BeckRS 2017, 109826 [Pränatale Diagnostik].

36) LG Düsseldorf, Urt. v. 28. 7. 2020, GRUR 2020, 1078 [Online-Sehtest].

37) ちなみに方法発明の隔地的使用に係る学説としては，たとえ外国で当該使用が完結しても内 国で使用を開始した者の責にそれを帰することができるのであれば，内国特許の侵害を肯定しう るとする説（Ann, a. a. O. (Fn. 8), §33 III Rdnr. 139），方法発明の使用による成功が内国で生じ たことをもって内国特許の侵害を肯定しうるとする説（N. Hölder, „Die Haftung für Ausland-staten", in H-P. Götting / A. Lunze (Hrsg.), Überprotektion durch geistiges Eigentum? Fest-schrift zum 10jährigen Jubiläum des Studiengangs 'International Studies in Intellectual Prop-erty Law', 2009, 181 (191 f.)），技術的思想の核となる発明の重点が内国で実行されたことをもっ て内国特許の侵害を肯定しうるとする説（I. Haupt, „Territorialitätsprinzip im Patent- und Ge-brauchsmusterrecht bei grenzüberschreitenden Fallgestaltungen", GRUR 2007, 187 (190 ff.)），全工程又は全構成要件が特許権者に留保されているということは，全部分的工程又は全部分的構 成要件が特許権者に留保されていることを意味するから，内国における1工程の実行又は部分的 生産であっても内国特許の侵害を正当化するとする説（Scharen in Benkard, a. a. O. (Fn. 11), PatG §9, Rdnr. 10）等がある。

38) 本件特許に係るクレーム（請求項1）は次の通りである。「人の視覚をテストする方法であっ て，以下の工程を含むもの 1. ビデオ上映機器により上映される一連の画像が，事前に設定さ れた外観と一致するように当該機器の物理的な特徴の少なくとも一つを測定し，2. 当該一連の 画像を当該機器により上映し，人の視覚機能についての一連のテストを実行し，3. 当該一連の 画像の上映に対する人の反応を記録し，4. 記録された当該反応からその視覚機能の少なくとも 一つの側面を計算し，そして5. 計算された当該視覚機能の一つからその人のための矯正レンズ の処方箋を少なくとも一つ計算する」。

39) 本判決と本文後述の出生前診断事件判決との違いは，本判決においても，これを説明する Kühnen, a. a. O. (Fn. 11), A. V. 7 Rdnr. 443 ff. においても縷々説明されているところであるが，あ まり説得的ではないという印象を受ける。

40) 本件特許に係るクレーム（請求項18）は次の通りである。「以下の工程を含むことを特徴と する出生前診断を行う方法 (i)母体の血液サンプルを提供し，(ii)当該サンプルを細胞性断片と非 細胞性断片に分離し，(iii)請求項1〜17のいずれか1項に記載の方法を用いて，非細胞性断片中

の胎児由来の核酸の存在を検出すること；及び(iv)胎児核酸の存在，量，配列に基づく診断を提供すること」。

41)　本判決は，外国において完結した方法使用の成果が内国で商業的に利用されている事実を重視しない理由の一つとして，PatG9 条後段 3 号の規定に言及している。同号は，方法特許の使用によって「直接に（unmittelbar）」生産された物の流通を申し出たり，それを流通させること等を特許権者に留保しているが，派生物の保護までは認めていない。

42)　その場合，本件方法特許の最初の工程と最終工程がドイツ国内で行われたこととなり，外国における中間工程の実行は内国の両工程に基礎づけられ，そのことは当該中間工程が内国行為者に帰せられることを正当化するからである，と説明されている。この傍論部分においては，外国における中間工程を，内国における最初と最後の工程で「挟み込めば」，内国行為者の帰責性を肯定できるという考え方（Gedanke einer Art Klammerwirkung）が示唆されているといえるかもしれない。いずれにしても，本判決は，クレームに診断結果の開示まで記載されていた場合の発明の成功とは，当該開示であるとしているようである。だが，血液サンプルの採取と診断結果の開示は，技術的な観点からすれば当該特許発明の本質を体現するものとはいいがたい。もっと最近の事例である LG Mannheim, Urt. v. 9. 10. 2018, GRUR-RS 2018, 53571 [Musikstreaming] は，そのようなアプローチをとらず，特許発明の本質を体現する工程が内国で実行されているか否かを重視している。両判決を比較しつつ，本判決は発明の成功にアクセントを置くが，後者の判決は「行為（実行された工程）」にアクセントを置くものと分析する見解もある。T. J. Adam, „Der effektive Schutz von Verfahrensansprüchen im Ringen mit dem Territorialitätsprinzip", GRUR 2020, 1053 (1055).

43)　この意味において，v. Hein は次のように述べている。「国際私法と国際民事手続法は相互に独立している。すなわち，管轄を有する法廷は，法廷地送致規定がそれを指示するのであれば，当該事案に場合により外国法も適用しなければならない。経済抵触法の場合は異なる。同法は，実質法の直接の規律対象を超えて，特定の経済体制が目的としているところを実現するために，当該実質法を外国と関連を有する事実にどのように適用すべきかを規律するものと解されている。当該実質法はある公的な利益に奉仕しており，その禁止的機能のゆえに，基本的には交換可能なものではない。したがって，この領域における抵触法は，一般的には一方的なもの（einseitig）として把握されている。すなわち，それらは法廷地法のみを指示する。連結は国家的利益を意識しつつ決定される。この抵触法上の連結にとって特徴的であるのは，その都度の実質法にとくに依存しているという点である。それゆえ，これまでのところ，いかなる一貫した資本市場法的抵触規則も存在したことはないという点は，方法論の観点からは理解できるところである」。J. v. Hein in Münchener Kommentar BGB, Band 11, 7 Aufl., C. H. Beck, 2018, Einl. IPR, Rdnr. 92.

44)　被告米国法人の複数のシステムのいずれについても，ユーザがファイルを受信することで当該被告の各システムが完成するところ，その送受信が一体として行われていること，当該被告の

システムを構成する要素のうち内国に所在するのはユーザ端末であるが，これが特許発明の主要な機能を果たしていること，その作用効果も内国で発現していること，当該被告のシステムの内国における利用は，原告が内国での利用で得る経済的利益に影響を及ぼし得るものであることが，生産実施を肯定するための事情とされている。

45）　宮脇正晴「判批」法セミ826号（2023）116（117）頁。知財高裁は，大合議判決に先立って，プログラムの提供実施に関しても諸事情の総合考慮という方法論を提示しているが（知財高判令4・7・20平30（ネ）10077号［ドワンゴⅡ]），これにも同様の評価があてはまる。横溝大「判批」判例秘書ジャーナルHJ100161（2023）1（7）頁。

46）　関連する説示は，次の通りである。「当該システムを構成する要素の一部である端末が国内に存在することを理由に，一律に特許法2条3項の『実施』に該当すると解することは，当該特許権の過剰な保護となり，経済活動に支障を生じる事態となり得るものであって，これも妥当ではない」。しかし，何ゆえそのように解することが過剰な保護となるのかが明確に述べられておらず，論旨不明といわざるをえない。

47）　本判決は，「当該システムを構成する要素の一部であるサーバが国外に存在する場合であっても」①②③④⑤を総合考慮して，「当該行為が我が国の領域内で行われたものとみることができるときは，特許法2条3項1号の『生産』に該当する」としており，少なくとも文理上はサーバ以外の要素が国外にある場合を考慮していない。

48）　筆者自身は，本来は，特許権に関しても一般国際私法上の原則に従った連結が望ましいと考えている。その理由等については，別稿で詳細に論じる予定である。

49）　同様の指摘を行うものとして，愛知・前掲注6）274-276頁，横溝・前掲注45）7頁がある。

50）　『ネットワーク関連発明における国境をまたいで構成される侵害行為に対する適切な権利保護の在り方に関する調査研究報告書』（知的財産研究所，2017）91頁，山内貴博「『国境を跨ぐ侵害行為』に対するあるべき規律——実務家の視点から——」IPジャーナル2号（2017）11（13）頁。一方で，内国における発明重要部分の所在を要求する考え方（「主たる行為」地説）こそ，予測可能性に欠けるとの指摘もある。茶園成樹「ネットワーク関連発明における国境を跨いで構成される侵害行為に対する特許保護」IPジャーナル2号（2017）4（9）頁。

51）　したがって，侵害品の生産者や第1譲渡人にとって，侵害品が転々流通していく先々の市場すべてがここでいう市場地には原則としてならない。

52）　筆者は，インターネットによる著作権侵害についてすでに同様の提案を行っている。拙稿「深化するインターネット社会と著作権をめぐる国際私法上の課題　論点の整理」著作権研究46号（2020）4（10-11）頁参照。

米国における特許権の越境侵害

愛　知　靖　之

I　「属地主義」("the principle of territoriality")・「域外適用否定の推定」("the presumption against extraterritoriality")[1]

　米国では，「議会の立法は，反対の意図が明らかでない限り，米国の領域的管轄（territorial jurisdiction）内でのみ適用されることが意図されているという解釈準則」[2] が採られており，この解釈準則は，「域外適用否定の推定」("the presumption against extraterritoriality") と呼ばれている[3]。「米国法は国内を支配するものではあるが，世界を支配するものではないという推定は，特許法に特に強く適用されている」，「我が国特許法は『国内でのみ効力を有し，国外での活動には及ばない』……という伝統的な理解は，特許法それ自体に組み込まれている」[4] というのである[5]。

　このような「域外適用否定の推定」あるいは「属地主義」("the principle of territoriality") の根拠については，「我が国の法と他国の法が意図せず衝突し，国際的な軋轢が生じることを防ぐ」ものであるとか[6]，「議会は一般に国内の事柄を念頭に立法を行うという常識的な考え方」に根ざすものである[7]，あるいは，「立法者は米国法を起草する際に他国の正当な主権的利益を考慮している」（＝国際礼譲）[8] などと言われてきた。

　「域外適用否定の推定」の適用準則については，RJR Nabisco, Inc. v. European Cmty., 579 U.S. 325 (2016) が定式化を図っている。それによると，この推定則の適用は 2 つのステップに分かれる。「ステップ 1」では，制定法が域外適用されることを明確かつ積極的に表明しているかが確認される。この

62

「ステップ1」が肯定されれば，「ステップ2」に進むことなく，「推定」は覆され，域外適用が肯定されることになる。他方，「ステップ1」が否定されれば，次の「ステップ2」に進む。「ステップ2」では，制定法の「焦点／注目点」（the statute's "focus"）に着目して，事件が法の域内適用をもたらすかが判断される。そして，制定法の「焦点／注目点」に関連する行為が米国内で行われていれば，他の行為が米国外で行われていても，域内適用として当該制定法の適用が許容されることになるのである[9]。

　一般論としては，以上のようにまとめることができるものの，とりわけ特許権侵害については，特許法に明文の規定が設けられているため，「域外適用否定の推定」や「属地主義の原則」に頼る必要はないと言われている。すなわち，特許権の直接侵害について，米国特許法271条（a）は，「本法に別段の定めがある場合を除き，特許の存続期間中に，権限を有することなく，特許発明を合衆国において生産し，使用し，販売の申出をし若しくは販売する者又は特許発明を合衆国に輸入する者は，特許を侵害することになる。」[10]（下線筆者）。このように，特許法とりわけ271条（a）は，侵害行為を米国内における特定の行為に明示的に限定しているため，特許法では一般に「域外適用否定の推定」に頼る必要はないということになる[11]。直接侵害の場面については，「属地主義」を直接の根拠に据えなくとも，271条（a）の適用問題として処理すれば足りるのである。

　このように，特許権の越境侵害の問題は，伝統的に，「米国外で行われた実施行為に『合衆国において』との規定を持つ米国特許法が適用できるのか」という形で，実質法規たる米国特許法の国際的適用範囲の問題として処理される[12]。いわゆる「法規からのアプローチ」が取られているわけである。「法規からのアプローチ」とは，特許権侵害をめぐる法律関係を公権力性が高いという意味での「公法的法律関係」と理解し，特許法をいわゆる「国際的強行法規（絶対的強行法規・強行的適用法規）」と捉えた上で，実質法規たる特許法の場所的な適用意思（米国においては，特許法271条（a）の「合衆国において」という文言，我が国においては，不文ではあるものの「実質法上の属地主義」がこれに当たる）

に基づき判断するという考え方である。あくまで，抵触法（国際私法）による「準拠法選択」は問題とならず，単に実質法規たる特許法の場所的適用範囲の問題として処理されるのみである[13]。

　他方，「法律関係からのアプローチ」では，特許権をめぐる法律関係を「私法的法律関係」と理解することで，抵触法（国際私法）自体が実質法規の場所的適用範囲を決めることになる。これが「準拠法選択」である。たとえば日本が法廷地である場合には，「抵触法上の属地主義」，あるいは，特許権侵害を不法行為と性質決定した上で「法の適用に関する通則法」により処理される。ここでは，実質法規が有する場所的な適用意思が無視される点が重要である。いったん抵触法（国際私法）に基づき準拠法を決定すれば，準拠法とされた実質法規がそのまま適用されることになるのであって，当該実質法規を適用する際に改めて，実質法規の場所的適用範囲を問題とする余地はないのである[14]。

　さて，本稿では，以上のように整理される米国法において，①譲渡の申出が内国特許権の侵害を構成するというためには，譲渡の申出あるいは譲渡が内国で行われている必要があるか，②外国で実施行為の一部が行われた場合に内国特許権の侵害を構成するかという近時我が国でも重要判決が下されている問題がどのように処理されているかを裁判例を中心に紹介する[15]。さらに，私見を交えながら，我が国裁判例との比較を行う。

II　譲渡の申出

1　緒　　論

　まず取り上げるのは，譲渡の申出について侵害行為の成立を認めるためには，申出行為・譲渡行為が国内で行われていることを要するかという問題である[16]。

　考え方としては，4つのものがあり得る。①申出と譲渡のいずれも，国内で行われていなければならないという立場，②申出は国内で行われている必要があるが，譲渡は国内で行われていても国外で行われていても構わないという立場，③申出は国内で行われていても国外で行われていても構わないが，譲渡は

国内で行われている必要があるという立場，④申出と譲渡のいずれも，国内で行われていても国外で行われていても構わないという立場である。結論をあらかじめ示しておくと，米国法は③の立場，我が国の裁判例（東京地判令和2年9月24日平成28（ワ）25436［L-グルタミン酸製造方法］）は②の立場（ただし，買主が製品を国内に持ち込む場合に限る）である。なお，私見は④の立場（ただし，買主が製品を国内に持ち込む場合に限る）となる。

2　米国裁判例の立場[17]

Transocean Offshore Deepwaer Drilling, Inc. v. Maersk Contractors USA, Inc, 617 F.3d 1296（Fed. Cir. 2010）は，申出が国外で，譲渡が国内で行われた事案である。判旨は，米国企業がノルウェーで米国企業に対して行った，米国内での製品の販売，米国内での引渡し及び使用に関する申出が，271条（a）のもとで，米国内での販売の申出を構成すると結論付けた[18]。271条（a）は，"whoever …offers to sell … within the United States any patented invention … infringes."（「……米国内で特許発明を……販売することを申し出る者は……侵害することになる」）と規定しているところ，販売の申出が侵害を構成するためには，その申出行為が，米国内で特許発明を販売する行為に向けられたものでなければならず，申出の場所ではなく，その申出に従って行われるであろう将来の販売の場所に焦点を当てるべきだと述べたのである[19]。さらに，大要，以下のような判示も行っている。すなわち，申出行為が米国内で行われていなければならないとする被告の立場では，米国企業が国外に出た上で米国に売り戻す旨の申出を行えば，侵害に対する責任を免れることになる。しかし，当該米国企業は米国内での自社製品の販売から利益を上げることにより，米国特許権者に対し米国内で現実の損害を生じさせることになる[20]。この判旨からは，特許発明に対する需要の喪失という損害が米国内で発生すること（販売の申出という行為による結果が米国内で発生すること）に着目していることが窺える。

Halo Electronics, Inc. v. Pulse Electronics, Inc., 769 F.3d 1371（Fed. Cir. 2014）は，申出が国内で，譲渡が国外で行われたという Transocean 事件と正

反対の事例において，販売の申出を侵害とするためには，米国内での販売を意図した申出でなければならないとして米国特許権の侵害を否定した[21]。さもなければ，「域外適用否定の推定」に反することになるというのである[22]。米国外での販売が米国特許権の侵害を構成しないのと同様に，販売の申出は，たとえその行為が米国内で行われていたとしても，販売自体が米国外で行われている場合には，米国特許権の侵害とはならないという[23]。

　そのほか，連邦地裁判決ではあるが，Quality Tubing, Inc. v. Precision Tube Holdings Corp., 75 F.Supp.2d 613（S.D. Tex. 1999）では，米国特許法は，「販売」のみならず「販売の申出」にまで権利範囲を拡張したことにより，侵害行為の前段階まで特許権による捕捉が可能となったとする[24]。その上で，侵害行為の前段階にある販売の申出と実際の販売を権利範囲に含むこととなった結果，申出の対象である販売自体が侵害行為を構成しなければならないことを意味することになるという。仮に，外国で販売を行う申出を米国内で行えば足りるとすれば，申出がされた販売は侵害行為を構成しない以上，販売の申出は侵害行為の前段階にあるということにはならないと説くわけである[25]。販売の申出は，「販売」という侵害行為の前段階の行為を規制したものと捉えるのであれば，「販売」自体が「侵害行為」を構成しなければ，販売の申出も侵害行為の前段階とは言えなくなる。そして，「販売」が米国特許権の侵害を構成するためには，米国内での販売でなければならないという論理であろう。この連邦地裁判決は，さらに，申出は国内外いずれでもよいが，販売は国内で行われていなければならないという解釈を採ることにより，国際電話，電子メール送信，米国に郵送またはファックスされた書面により行われた外国市場で製品を販売する旨の申出が侵害行為となるか否かをめぐる混乱を避けることができるとも判示している[26]。申出行為が国内で行われたことを要求しないことで，国境を跨ぐ隔地者間で行われる申出行為について，それが国内で行われたのか，国外で行われたのかという困難な判断を避けることができるというわけである[27]。

　以上のように，米国裁判例の多くは，申出は国内で行われていても国外で行

われていても構わないが，譲渡は国内で行われている必要があるという立場をとっている。

3　日本法との比較

他方，我が国では，東京地判令和2年9月24日平成28年（ワ）25436［L-グルタミン酸製造方法］が，「日本国内での営業活動の結果，日本の買主に販売され，日本国内に輸入される商品」については，その譲渡が海外で行われていても，国内で行われたその申出は，「譲渡等の申出」（2条3項）に該当すると判断している。すなわち，申出は国内で行われている必要があるが，譲渡は国内で行われていても国外で行われていても構わないという立場である。

一見すると，日米の裁判例の立場は正反対のようにも思える。しかし，販売された製品が国内に持ち込まれることを前提としている点では両者に共通性がある。L-グルタミン酸製造方法事件でも，「本件 MSG の引渡し自体は船積みの際になされるとしても，その後に本件 MSG が買主側によって日本国内に輸入されることが予定されているものであった。……日本国内での営業活動の結果，日本の買主に販売され，日本国内に輸入される商品について，その買主への譲渡が日本国外で行われるか，日本国内で行われているか否かの違いのみで，当該営業活動が，日本における譲渡の申出に当たるかどうかの結論を異にするのは相当ではな」いと判示している点が重要である（下線筆者）。

両国の裁判例に通底するのは，譲渡の申出により，自国内で特許発明に対する需要（市場機会・投下資本回収の機会）が奪われるおそれが生じる場合に限って，自国の特許権行使を肯定するという考え方である。しかし，特許発明に対する需要の喪失という損害が国内で発生すること（譲渡の申出という行為による結果が国内で発生すること）を重視するのであれば，日米の裁判例の立場からさらに進んで，譲渡の申出と譲渡行為のいずれもが外国で行われたという場合であっても，買主が製品を国内に持ち込むのであれば，上記結果発生は国内で生じることになるため，国内における「譲渡の申出」と認めてよいのではないだろうか。

　前述の Quality Tubing 事件の判示，すなわち，侵害行為の前段階の行為を規制するためには，侵害行為自体が国内で行われていることを要するという考え方は，まさに，「実施行為」自体が国内で行われていることを要求するものであって，「属地主義」・「域外適用否定の推定」を色濃く反映している。

　しかしながら，そもそも特許制度の趣旨は，特許権者に特許発明の排他的・独占的実施を保障することで発明の開発・創作のための投下資本の回収やそれを上回る利潤の獲得を容易にし，もって創作インセンティブを保障するという点にある。このような特許制度の趣旨からは，侵害行為によって，特許発明に対する需要（投下資本回収等の機会）が奪われた，あるいはそのおそれが生じた地（加害行為の結果が発生した地・「市場地」）が国内であれば足りるのではないだろうか。

　我が国のように，少なくとも譲渡の申出行為自体が国内で行われていることが必要だとすると，Quality Tubing 事件で懸念されたように，外国から国内にいる顧客に対し電話やメール，Web 会議システムなどで販売の申出が行われた場合，国外・国内いずれで申出行為が行われたことになるのかといった（不毛な）議論が必要となる。さらに，仮にこれらのケースについて，申出行為は外国で行われた（我が国特許権の侵害が否定される）と解するのであれば，外国にいながらこれらのツールを用いて行う申出行為と日本国内において対面で行う申出行為との間で特許権侵害の成否について結論を分けるほどの本質的な相違があるといえるのかが問題となるだろう。

　以上のことからは，買主が日本国内に持ち込むことを前提に譲渡とその申出が行われたのであれば，譲渡とその申出がともに国外で行われた場合であっても，日本特許権の行使を認めてよいのではないかと思われる[28)29)]。確かに，米国法は，271 条（a）に，侵害要件として実施行為が「合衆国において」行われることを要する旨が明確に規定されている（実質法規が特許権侵害に関する場所的適用意思を明示している）。これに対して，我が国特許法では，侵害要件として正面からこのような限定が付されているわけではない。だからこそ，日本では（不文の）「属地主義」そのものが直接の根拠として持ち出されることにな

る。しかしながら，クラウド環境が整備され，世界中がネットワークで容易に結びつくことで，サービス提供・ビジネス展開において国境の持つ意味が希薄になりつつあるボーダーレス・エコノミー下にあってもなお，「属地主義」に強く固執し続けるべきなのだろうか30)。少なくとも，271 条（a）のような侵害要件を持たない我が国特許法の適用に関し，米国法と同様の態度をとる必然性はないと思われる。実際，後述するように，「合衆国において」という限定のない271 条（b）の誘引侵害については域外適用が認められていることは我が国でも広く知られているところである。

Ⅲ　外国で実施行為の一部が行われたケースと直接侵害

1　米国裁判例の立場31)

　本章では，実施行為の一部が外国で行われているケースにおいても，柔軟に米国特許権侵害が認められており，米国でも属地主義が厳格適用されているわけではないことを確認する。

　Decca Ltd. v. United States, 544 F.2d 1070（Ct. Cl. 1976）で問題となった原告 Decca の特許発明は，双曲線無線航法システム（a hyperbolic radio naviga-tion system）であった。一方，被告米国政府の被疑侵害物件は，「オメガシステム」（船舶・航空機の電波航法システム）であり，当時はハワイ・ノースダコタ・ノルウェーに送信所があった。正確な位置の特定には3局が必要となるので，この3つの送信所は，被告システムの必須構成要素である。そこで，システムを構成する送信所の一部が国外に置かれているにもかかわらず，クレームに係るシステムが米国内で生産または使用されたといえるのかが争点となった。裁判所は，以下のような Trial Judge の意見を是認した。クレームされた組み合わせの一部，すなわち，必要となる3つの送信機のうち1つだけが米国外に設置されているのに対し，完成したシステムの有益な使用（作用効果を発揮させ利益をもたらすよう使用（"beneficial use"））は，オメガの受信機を搭載した被告が所有する船舶や航空機が信号を受信し利用する際に，米国内で行われている32)。「ノルウェー内の装置は全て米国政府が購入し，米国政府が設置し，引

き続き米国政府が所有しており，当初は米国政府によって運用され，現在は米国政府の指示と管理／制御（"control"）のもとで米国政府の利益のために運用されている」[33]。本件では，システム全体を動作可能な状態にするための最終ステップが米国で行われているほか，ノルウェーでの送信は，米国によってコントロールされている。送信所はノルウェー国内に置かれているが，オメガシステムでは，実際に，この送信所が「使用」されている[34]。さらに，特許権者による貢献が，送信機が信号を生成し送信する方法にあったのではなく，送信源から信号を受信した上で，受信機で利用し位置決定に至るというシステムにあったことは，明細書とクレームの双方から明確である[35]。もし，本件特許発明が信号の生成それ自体を対象とするものであったならば，米国内での信号の利用は付随的なものに過ぎず，ノルウェーの送信所の運用は米国特許法の射程外となっていたことは明らかであろう[36]。以上の点から，米国内での「使用」があったとして侵害を肯定することができるとする。ここでは，米国政府による装置の所有，米国からの装置の管理／制御（"control"），米国内でのシステムの有益な使用（作用効果を発揮させ利益をもたらすような使用（"beneficial use"））に重点を置いた判断が行われつつ，特許発明の特徴（本質的部分）にも着目した総合考慮が行われたものと評価することができよう。

　次に，BlackBerry 事件としても知られている裁判例を確認する。この事件における原告 NTP の特許発明は，「有線」システムである既存の電子メールシステムと無線周波数（「RF」）での無線通信ネットワークを統合し，モバイルユーザーに無線ネットワーク上での電子メールの受信を可能とするシステム発明及び方法発明である。カナダ企業である被告 RIM の被疑侵害物件は，BlackBerry システム（無線通信ネットワークを介して電子メールの送受信を行うプッシュ型電子メールシステム）であり，メールサーバから，カナダにある「中継器」（"Relay"）にメールが転送され，そこからユーザーのモバイル端末にメールが送信される。まず，NTP, Inc. v. Research in Motion, Ltd., 392 F.3d 1336 (Fed. Cir. 2004), vacated, 418 F.3d 1282 (Fed. Cir.2005) は，後に，再審理請求（"Petition for panel rehearing"）が認められ，418 F.3d 1282 によって撤回され

ることになる意見ではあるものの，大要，以下のような判示を行った。すなわち，クレームは，二者間で電子メールのメッセージを送信するシステム及び方法を対象としており，その送信は，「発信側プロセッサ」（"originating processor"）と「受信側プロセッサ」（"destination processor"）の間で行われる。RIMの「中継機」はカナダに置かれているものの，被疑侵害システムの他の全ての構成要素は米国内に置かれており，RIMのシステムの管理／制御（"control"）及び有益な使用（"beneficial use"）は米国で行われているため，271条（a）に言うRIMのシステムの「使用」も米国で行われていることになる[37]。BlackBerryシステムを構成する要素の1つが物理的に米国内に置かれていなかったとしても，そのシステム全体の有益な使用（"beneficial use"）と機能が発揮される場所が米国であることは論を俟たないとも判示している[38]。それゆえ，2人の国内ユーザー間でBlackBerryの機器を介した通信が行われる場合には，この二者間で交換されるメッセージが無線通信の途中で米国外に送信されることがあるか否かにかかわらず，BlackBerryシステムの使用は「米国内」で行われていると結論付けた[39]。ここでは，米国内でのシステムの管理／制御（"control"），米国内でのシステムの有益な使用（作用効果を発揮させ利益をもたらすような使用（"beneficial use"））を基準とした判断が行われているとともに，「発信側プロセッサ」と「受信側プロセッサ」間での送受信が本件発明の本質的部分であり，これらが米国内に設置されていれば，無線通信の途中でどこの中継器に送信されるかは本質的な要素ではないという事情も斟酌しているように見え，特許発明の特徴（本質的部分）にも着目した総合考慮が行われているようにも思われる。

　その後，NTP, Inc. v. Research in Motion, Ltd., 418 F.3d 1282（Fed. Cir.2005）は，再審理請求（"Petition for panel rehearing"）を認め，上記判決を差し替えている。この判決では，システム発明と方法発明で結論を分けているところに大きな特徴がある。システム発明について，クレームに係るシステムが使用されるのは，システムが全体として使用される場所，すなわち，システムの管理／制御（"control"）が実行され，システムの有益な使用（"beneficial use"）が行われる場所であるとする[40]。判旨の当てはめ部分では，米国内にいる RIM の顧客は，生成された情報の送信を管理／制御し，かつ，このような情報交換から利益を得ていたとした上で，米国内の RIM の顧客が，自身の所持する携帯機器を米国内で操作してメッセージを送受信する場合，通信システムが全体として使用される場所は米国内に存在するとした[41]。このような判断に基づき，RIM の BlackBerry システムの「使用」は米国内で行われていると結論付けている。他方で，方法発明については，271 条（a）の下で，方法の「使用」という概念は，システムや装置の使用とは根本的に異なるとする[42]。方法は，それを構成する一連の動作にすぎないため，方法の使用は，各々のステップの実行を必ず伴うとする。このことは，発明の構成要素が，個別的にではなく総体的に使用されるシステム全体としての使用とは異なるとし，それゆえ，各ステップが米国内で全て実行されない限り，方法が 271 条（a）の要求する「米国内」で使用されたことにはならないと説く[43]。本件では，RIM が実施している方法のうち，カナダに置かれた「中継機」への送信と当該中継器からの送信というステップが米国外で行われる以上，当該方法の使用は米国特許権の侵害を構成しないことになるのである。以上のように，本判決は，システム発明に関しては，米国内でのシステムの管理／制御（"control"），米国内でのシステムの有益な使用（作用効果を発揮させ利益をもたらす使用（"beneficial use"））に着目し，システムの一部が米国外で実施されていても，国内での使用と認められる場合があるとするのに対し，方法発明に関しては，方法を構成する全ステップが米国内で実施されていることを要求している。しかし，仮に発明の本質が同じである場合にも，発明のカテゴリの違い（クレーム・ドラフィティングの仕方）だけで結論が変わり得るというのは果たして妥当なのか疑問が残る。

2　米国裁判例の立場のまとめ

これまで概観した米国裁判例を端的にまとめると，方法発明では，方法を構成する全ステップの国内実施が要求されているのに対し，システム発明では

"control & beneficial use" approach とも呼ぶべき基準が用いられている。もっとも，"control" と "beneficial use" がそれぞれ具体的に何を意味するのかは必ずしも明確ではない。

"beneficial use"（「有益な使用」）とは，一応，作用効果を発揮させ利益をもたらす使用を意味すると捉えることができそうではある。しかし，特許発明の使用から経済的利益が生じる地と特許発明の作用効果が発揮される地が一致することもあるが，両者が異なる国となることもある[44]。"beneficial use" が行われた地とは，経済的利益発生地と発明の作用効果発現地のいずれを指すのであろうか。「使用の結果」として経済的利益が生じた地（結果発生地・市場地）と理解することも可能である一方，単に「利益を得ていること」（"benefit"）ではなく，「使用」（"use"）行為自体が行われていることが必要であると解すると，発明の作用効果を発揮させる使用行為が行われた地（行為地・作用効果発生地）と考えるべきであろうか。実際，"control" と "beneficial use" の場所に焦点を当てるアプローチは，どこで経済的影響が生じたのかではなく，どこで誰が発明を管理／制御し，使用したのかという技術的な評価に焦点を当てる「技術に基づくアプローチ」であると説く見解が存在する[45]。他方で，"control" と "beneficial use" を，侵害行為の経済的影響に着目した考慮要素だと位置付ける立場もある[46]。

他方，"control" については，システム等のプロセス全体を制御・コントロールするという最も主要な要素が国内で行われていることを斟酌するものと見る余地がある。しかしながら，NTP（2005）事件では，米国内にいる RIM の顧客が情報の送信を管理／制御したものと判断している。同様に，我が国の知財高判令和4年7月20日平成30年（ネ）10077号［表示装置，コメント表示方法，及びプログラム（ドワンゴⅡ）］でも，「本件配信の制御は，日本国の領域内に所在するユーザによって行われる」と判示されていたところである。このように，NTP（2005）事件（やドワンゴⅡ事件）では，ユーザー・顧客によって管理／制御が行われていると認定されており，システムの使用（やプログラムの電気通信回線を通じた提供）がユーザー自身の意思・主体的行動を基点に

開始され完結する点が重視されているようにも思われる。他方で，Decca 事件に従えば，NTP 事件における "control" の主体はエンドユーザーではなくサービス提供者たる RIM となるはずであり，これが行われた地もカナダと解すべきとして，NTP 判決を批判する見解も存在する[47]。

以上のように，"control" も "beneficial use" も必ずしも明確な基準・概念とは言い難い[48]。

3　日本法との比較

実施行為の一部が外国で行われているケースにおける我が国の重要裁判例は，知財高判令和5年5月26日令和4年（ネ）10046号［コメント配信システム（ドワンゴⅠ）大合議判決］である[49]。本判決は，「ネットワーク型システム」の発明を対象に，その発明の構成要素の一部が国外に存在したとしても，その一事をもって当然に我が国おける実施行為が否定されるわけではないとする。その上で，①行為の具体的態様，②システムを構成する各要素のうち国内に存在するものが発明において果たす機能・役割，③システムの利用によって発明の効果が得られる場所，④システムの利用が特許権者の経済的利益に与える影響等の総合考慮により，行為が我が国の領域内で行われたものとみることができるときは，我が国特許法の適用が認められるとする。

しかしながら，総合考慮論は，「基準として明確さを欠き，事業者に予見可能性を与えるのに不十分と思われる」[50]との指摘もある。本判決は，考慮要素として上記①〜④を挙げるところ，①〜④の個別判断それ自体にも，それぞれ総合考慮が必要となりうる。また，考慮要素間で判断が一致しない場合の処理（考慮要素間の軽重）も問題となる[51]。本件は，①〜④全ての要素で一致して国内と評価されるような事案であったために，この問題が顕在化しなかったに過ぎない（あるいは，あえて穿った見方をすれば，本件事案の下で，問題なく「国内である」と評価できる要素を選択して列挙しただけという嫌いもある）。自身の行為に我が国特許権の効力が及ぶのかについて事業者に予見可能性を保障するためには，判断基準を一元化することが望ましい。確かに，一元化した基準の判断自体に

総合考慮を要する場合もあり得るが，それぞれに総合考慮を要する諸要素を並べるよりも，少なくとも判断を行うための統一的な指針は示される。本判決の総合考慮論においても，なぜ①〜④の要素が考慮されるのか，その一義的な理論的根拠が必ずしも明確ではない。

　米国裁判例との対比という観点からは，②の判断要素の当てはめ部分において，「システムを構成する各要素のうち国内に存在するもの」を，物理的に国内に存在するユーザ端末と特定した上で，これが「本件発明１の主要な機能」を果たしていると述べられているが注目に値する。発明の「主要な機能」に着目している点は，特許発明の本質的部分を構成する要素が国内で行われているか否かを基準とする立場[52]を彷彿させるところであるが，米国裁判例においても，Decca事件やNTP（2004）事件で斟酌されていることが窺われる。また，③④の判断要素は，米国裁判例における有益な使用（作用効果を発揮させ利益をもたらす使用（"beneficial use"））地に相当するようにも思われる。他方，米国裁判例の管理／制御（"control"）地（管理／制御主体の所在地）やドワンゴⅡ判決における「行為の制御が日本国の領域内で行われているか」という考慮要素は少なくとも明示的には採用されていない[53]。

　ドワンゴⅠ大合議判決は，実施行為が日本市場に向けられることで，特許発明の効果が日本国内で発現し，国内における特許権者の経済的収益に影響をもたらしているかを問題とするものであって，（特に④は）行為の結果が我が国で発生しているか否か（「市場地」がどこか）をも，「行為地」の判断要素に取り込むものと言えよう。米国裁判例においても，純粋に経済的収益への影響がもたらされるという結果発生地ではなく，経済的収益という側面を取り込みつつも，あくまで「有益な使用」という「行為」地そのものを１つの基準としていた。しかし，これは，「合衆国内」での実施という271条（a）の侵害要件が存在するためである。実際，271条（a）の「合衆国において」に相当する要件を持たない同条（b）[54]の誘因侵害については，当該侵害を構成する行為自体が米国外で行われていても，これにより誘引される直接侵害が米国内で行われている限り，同条（b）を適用できると考えられていること（域外適用）[55]は我が国

でもよく知られている通りである[56])。

　少なくとも，271 条（a）のような侵害要件を持たない我が国特許法の適用に関し，米国法と同様の態度をとる必然性はない。前述のように，特許制度の趣旨からは，侵害行為によって，特許発明に対する需要（投下資本回収等の機会）が奪われた，あるいはそのおそれが生じた地（加害行為の結果が発生した地・「市場地」）が国内であれば足りるのではないだろうか。従来の我が国裁判例のように，属地主義に基づきあくまで「行為地」を基準としつつも，属地主義を緩和するため，「行為地」の柔軟な解釈を志向するアプローチ（その一貫として総合考慮も持ち込まれうる）ではなく，「加害行為の結果発生地」を一元的な判断基準に据えるアプローチ（ドワンゴⅠ大合議判決の④を基準にするアプローチ）が妥当だと考える[57)58)59)]。米国特許法 271 条（b）の域外適用が認められているのも，同様に，誘因侵害によって特許発明に対する需要（投下資本回収等の機会）が奪われた地が米国であれば足りるという発想が，条文上の制約がないが故に，正面から認められていると評価することができるかもしれない。もっとも，むしろ直接侵害行為自体が米国内で行われていることが重要であり，「行為地」が決め手とされていることに違いはないという評価の方が自然なのかもしれないが。

1）　本章は，5 Chisum on Patents §16.05［preface］（2023）の説明に多くを負っている。また，張晶「グローバル化時代の知的財産権の抵触法的考察——属地主義から政策衡量へ——」名古屋大学博士論文（2018 年）https://nagoya.repo.nii.ac.jp/records/26475（2024 年 2 月 9 日確認）も参照。

2）　Foley Bros., Inc. v. Filardo, 336 U. S. 281, 285（1949）.

3）　連邦最高裁は，従前から，「我が国の法の下で特許によって与えられる権利は，米国およびその領土に限定されており……，完全に外国で行われた行為がこの権利の侵害となると断ずることはできない。」（Dowagiac Mfg. Co. v. Minn. Moline Plow Co., 235 U.S. 641, 650（1915）），あるいは，「我が国特許制度は域外適用を主張するものではない。『これらの法律は，合衆国の領域を越えて効力を及ぼすことはなく，またそうすることを意図したものでもない』……。我々は同様に，米国市場に対してそのような支配を行おうとする他国の主張を排斥する。」（Deepsouth Packing Co. v. Laitram Corp., 406 U.S. 518, 531（1972））などと判示してきたところである。

　なお，Deepsouth 事件では，装置の生産（組み立て）自体が米国外で行われる場合には，装置の構成要素の全ての生産が米国内で行われていても，米国特許権侵害を構成しないと結論付けた。このことが，1984 年改正による米国特許法 271 条（f）の新設に結びついている。271 条（f）は，我が国では，外国での完成品の組み立てに用いられる部品（101 条を充足）を国内で生産・譲渡する行為が間接侵害を構成するかという形で議論されている問題に相当する。我が国では，外国における完成品の組み立て（生産）には，属地主義の原則から，日本特許権の効力が及ばず，これを禁止することはできないと考えられている。それゆえ，部品の販売・輸出という幇助行為を間接侵害としてしまうと，結果として，外国での生産にまで日本特許権の効力を及ぼすことになってしまう（101 条にも「輸出」は規定されていない）ことから，我が国では間接侵害を否定する立場が一般的である（大阪地判平成 12 年 10 月 24 日判タ 1081 号 241 頁［製パン機］，東京地判平成 19 年 2 月 27 日判タ 1253 号 241 頁［多関節搬送装置］を参照（ただし，ノックダウン生産については別論である（大阪地判平成 24 年 3 月 22 日平成 21 年（ワ）15096 号［炉内ヒーターおよびそれを備えた熱処理炉］）））。

4）　Microsoft Corp. v. AT&T Corp., 550 U.S. 437, 454 (2007).

5）　そのほか，EEOC v. Arabian Am. Oil Co., 499 U.S. 244 (1991), Morrison v. Nat'l Austl. Bank Ltd., 561 U.S. 247 (2010), RJR Nabisco, Inc. v. European Cmty., 579 U.S. 325 (2016), WesternGeco L.L.C. v. ION Geophysical Corp., 138 S. Ct. 2129 (2018) なども参照。

6）　EEOC, 499 U.S. at 248.

7）　Smith v. United States, 507 U.S. 197, 204, note 5 (1993).

8）　F. Hoffmann-La Roche Ltd v. Empagran S.A., 542 U.S. 155, 164 (2004).

9）　RJR Nabisco, 79 U.S. at 337.

10）　翻訳は特許庁による https://www.jpo.go.jp/system/laws/gaikoku/document/mokuji/usa-tokkyo.pdf（2024 年 2 月 9 日確認）。

11）　Chisum, supra note1, §16.05［preface］.

12）　Litecubes, LLC v. Northern Light Products, Inc., 523 F.3d 1353（Fed. Cir. 2008）は，実施行為が米国内で行われていることという要件は，271 条（a）の他の侵害要件と何ら区別されていないため，訴訟要件ではなく本案の問題であると述べている。

13）　以上，愛知靖之「特許権の越境侵害──近時の 2 つの裁判例を素材として──」特許研究 74 号 9 頁（2022 年）。

14）　以上，愛知・前掲注 13）9 頁。

15）　そのほか，外国で発生した逸失利益に対する損害賠償請求の可否も重要な問題であるため，ここで簡単にまとめておく。米国では，Power Integrations, Inc. v. Fairchild Semiconductor International, Inc., 711 F.3d 1348（Fed. Cir. 2013），Carnegie Mellon University v. Marvell Technology Group, Ltd., 807 F.3d 1283（Fed. Cir. 2015），WesternGeco L.L.C. v. ION Geophysical

Corp., 837 F.3d 1358（Fed. Cir. 2016）といった Federal Circuit の判決が，米国内での直接侵害行為に基づく損害賠償のみを認め，外国で発生した逸失利益賠償を否定していたのに対し，WesternGeco L.L.C. v. ION Geophysical Corp., 138 S. Ct. 2129（2018）が，米国特許法 271 条（f）（2）に関する事案ではあるものの，国内で行われた侵害行為に基づき外国で発生した逸失利益の賠償を肯定するに至った。法廷意見は，RJR Nabisco 判決の定式を当てはめた上で，損害賠償を規定する米国特許法 284 条の「焦点／注目点」（"focus"）は「侵害」（本件で問題となった271 条（f）（2）の事案においては，米国から部品を輸出する行為）に向けられているとし，損害賠償そのものは侵害からの救済という法目的達成のための手段に過ぎず，侵害行為が米国内で行われていれば足りるという（Id. at 2137-2138.）。もっとも，本判決はあくまで 271 条（f）（2）に限定されたものであり，271 条（a）に基づく米国内での直接侵害に対する損害賠償において，どのように判断すべきかについては何も言及していない（Chisum, supra note1, § 16.05［1］［f］）。実際，271 条（a）と同条（f）（2）の趣旨の違いに基づき，後者については損害賠償を肯定しうるものの，前者については否定されると説く見解もある（Timothy R. Holbrook, *Boundaries, Extraterritoriality, and Patent Infringement Damages*, 92 NOTRE DAME L. REV. 1745, 1775-1785（2017））。

　なお，我が国でも，日本から輸出された特許製品が外国で販売されたことにより外国で発生した逸失利益について，輸出と相当因果関係のある損害であることを理由に，我が国特許権に基づく賠償を肯定する見解がある（田村善之〔判批〕知財管理 63 巻 7 号 1118 頁（2013 年），同〔判批〕国際私法判例百選［第 3 版］73 頁（2021 年），駒田泰土「越境する特許製品とわが国の特許権に基づく損害賠償」知的財産法政策学研究 50 号 5-10 頁（2018 年））。

　しかしながら，各国市場毎に特許権は独立しており（特許独立の原則），我が国特許法が保障する特許発明に対する需要（投下資本回収等の機会）は，あくまで日本市場におけるものと考えるべきではないだろうか（河野俊行編『知的財産権と渉外民事訴訟』289-290 頁（2010 年，弘文堂）〔小島立執筆〕参照）。にもかかわらず，外国で発生した逸失利益賠償を肯定することは，外国市場に対する需要まで我が国の特許権で捕捉することにつながる。輸出先の外国市場で発生した売上減少による逸失利益まで，102 条 1 項・2 項により賠償請求することはできないと考える。輸出と外国における逸失利益との間の因果関係自体は容易に認められる（輸出がなければ外国での販売を行えなかったのは当然）ところ，少なくとも，この因果関係が賠償を認めるに足りる「相当性」を有するか（「相当因果関係」）を，特許制度の趣旨に基づいて検討することが必要ではないだろうか。

16）　なお，譲渡行為それ自体については，Halo Electronics, Inc. v. Pulse Electronics, Inc., 769 F.3d 1371（Fed. Cir. 2014）が，米国内で価格取決めや契約交渉が行われたのみで，最終的な契約の締結や売買契約に基づく引渡しなど取引の本質的な活動が米国外で行われていた場合には，271 条（a）の趣旨に照らして，米国内での販売を構成することはないと判示している（Id. at

1379）。また，その際，販売行為の結果として経済的損害を被ったという理由だけで，販売行為が米国内で行われたとする原告側の主張も排斥している（Id. at 1380）。このような原告の主張に従えば，米国特許製品を外国で販売する行為であっても，米国特許権者の経済的利益を害するものは，271条（a）のもとで侵害責任が生じることになるが，このような271条（a）の地理的範囲の拡大は，米国特許権者に世界的な排他権を付与することになり，制定法・判例法に反することになると説く（Id. at 1380）。

17）　本節は，Chisum, supra note1, §16.02［5］の説明に多くを負っている。また，鈴木將文「国境をまたがる行為と特許権の間接侵害の成否」別冊パテント12号122-123頁（2014年）も参照。

18）　Transocean, 617 F.3d at 1309.

19）　Id. at 1309. さらに，申出行為が米国内で行われていなければならないとする被告の立場を採用すると，271条（a）を "offers made within the United States to sell" あるいは "offers made within the United States to sell within the United States" と読まなければならないが，規定の文言はそうなっていない（"offers to sell … within the United States" とされているに過ぎない）とも判示している（Id. at 1309.）。

20）　Id. at 1309.

21）　Halo, 769 F.3d at 1381.

22）　Id. at 1381.

23）　Id. at 1381.

24）　Quality Tubing, 75 F.Supp.2d at 623.

25）　Id. at 624.

26）　Id. at 624-625.

27）　以上のほか，Cybiotronics, Ltd. v. Golden Source Elecs. Ltd., 130 F. Supp. 2d 1152（C.D. Cal. 2001），Wing Shing Prods.（BVI）v. Simatelex Manufactory Co., 479 F. Supp. 2d 388（S.D.N.Y. 2007），Semiconductor Energy Lab. Co. v. Chi Mei Optoelectronics Corp., 531 F. Supp. 2d 1084（N.D. Cal. 2007）なども，同様の立場に立つ。他方，米国外で販売する旨の米国内での申出が271条（a）を充足しうると判示した連邦地裁判決も存在する（たとえば，Halmar Robicon Group Inc. v. Toshiba Int'l Corp., 53 U.S.P.Q.2d 1501（W.D. Pa.1999），Wesley Jessen Corp. v. Bausch & Lomb, Inc., 256 F. Supp.2d 228（D. Del. 2003），SEB, S.A. v. Montgomery Ward & Co., 412 F. Supp. 2d 336（S.D.N.Y. 2006）.）。

28）　愛知・前掲注13）13-16頁。

29）　さらに，「譲渡」についても同様に，譲渡自体が国外で行われているとしても，その買主が日本に持ち込むことを前提として譲渡が行われている限り，我が国特許権者に対して，我が国で特許発明の需要喪失という結果が発生するのであるから，我が国特許法の適用を認めてよいと考える。この帰結は，言うまでもなく，前掲注16掲記の米国裁判例の立場とは異なるものである。

しかし，米国の考え方は，特許法271条（a）に「合衆国において」との侵害要件が設けられていることに起因するものであって，論理必然的に我が国でも同様の考え方をとる必要はないことは「譲渡の申出」と同様である。

30）　詳細は，愛知靖之「IoT時代における『属地主義の原則』の意義──『ネットワーク関連発明』の国境を越えた実施と特許権侵害──」牧野利秋編『最新知的財産訴訟実務』268-270頁（2020年，青林書院）。

31）　本節は，Chisum, supra note1, §16.05 [1] [c] の説明に多くを負っている。また，鈴木將文「越境的要素を有する行為による特許権侵害に関する一考察」L&T98号16-17頁（2023年），伊藤みか「ブラックベリー事件再考──領土を超えた特許侵害の分析比較」パテント76巻14号58-68頁（2023年）も参照。

32）　Decca, 544 F.2d at 1081.

33）　Id. at 1081.

34）　Id. at 1083.

35）　Id. at 1083.

36）　Id. at 1083.

37）　NTP, 392 F.3d at 1370.

38）　Id. at 1369.

39）　Id. at 1368.

40）　NTP, 418 F.3d at 1317.

41）　Id. at 1317.

42）　Id. at 1317.

43）　Id. at 1318.

44）　その一例が，ドイツの出生前診断事件（OLG Düsseldorf, Urt. v. 23. 3. 2017, BeckRS2017, 109826 [PränataleDiagnostik]）である。

45）　Timothy R. Holbrook, *Extraterritoriality in U.S. Patent Law*, 49 WM. & MARY L. REV. 2119, 2156-2157（2008）.

46）　Elizabeth M. N. Morris, *Territorial Impact Factors: An Argument for Determining Patent Infringement Based upon Impact on the U.S. Market*, 22 Santa CLARA COMPUTER & HIGH TECH. L.J. 351, 362-366（2006）.

47）　John W. Osborne, *A Rational Analytical Boundary for Determination of Infringement by Extraterritorially-Distributed Systems*, 46 IDEA 587, 610（2006）.

48）　Cameron Hutchison & Moin A. Yahya, *Transnational Telecommunications Patents and Legislative Jurisdiction*, 21 PAC. MCGEORGE GLOBAL Bus. & DEV. L.J. 45, 49-50（2008）.

49）　筆者による本判決の詳細な分析は，愛知靖之「続々・特許権の越境侵害──コメント配信シ

ステム知財高裁大合議判決の検討——」法学論叢 194 巻 2 号 1-23 頁（2023 年）を参照。本稿の以下の記述の多くも，この論文を基にしている。

50）　ドワンゴⅡ判決に対するものであるが，鈴木・前掲注 31）33 頁。

51）　「特許法の八衢」2023/5/28 記事：「国境を跨ぐ行為が『生産』に当たると判断された事案の『判決要旨』——知財高大判令和 5 年 5 月 26 日（令和 4 年（ネ）第 10046 号）」・「総合考慮の結果」https://patent-law.hatenablog.com/entry/2023/05/28/110845（2024 年 2 月 9 日確認）。

52）　山内貴博「『国境を跨ぐ侵害行為』に対するあるべき規律——実務家の視点から——」IP ジャーナル 2 号 13-14 頁（2017 年）。

53）　かなりひねくれた見方ではあるが，本判決は，制御主体を国内ユーザーではなく外国に所在する被控訴人 FC2 だと理解せざるを得なかったため，あえて，この要素を列挙しなかった（換言すれば，問題なく日本国内だと判断できる要素だけを考慮要素に列挙した）と考えることができるかもしれない。前判決では，「本件配信の制御は，日本国の領域内に所在するユーザによって行われるもの」であるとして，制御主体を日本国内のユーザーと認定している。これに対して，本判決は，「被告システム 1 の生産主体」を外国に所在する被控訴人 FC2 と認定しており，その際に，「被控訴人 FC2 が，上記ウェブサーバ，動画配信用サーバ及びコメント配信用サーバを設置及び管理しており，これらのサーバが，HTML ファイル及び SWF ファイル，動画ファイル並びにコメントファイルをユーザ端末に送信し，ユーザ端末による各ファイルの受信は，ユーザによる別途の操作を介することなく，被控訴人 FC2 がサーバにアップロードしたプログラムの記述に従い，自動的に行われる」と判示している（下線筆者）。この判示内容からは，仮に前判決のように被告システム 1 の制御主体を判断するとした場合，それはユーザーではなく被控訴人 FC2 であると評価される可能性が大いにある。本判決は，制御主体が国外に所在する者となりそうであるため，あえて，この要素を挙げなかったという見方ができるかもしれない。

54）　「積極的に特許侵害を誘発する者は，侵害者としての責めを負わなければならない。」（翻訳は特許庁による https://www.jpo.go.jp/system/laws/gaikoku/document/mokuji/usa-tokkyo.pdf（2024 年 2 月 9 日確認））

55）　e.g. Honeywell, Inc. v. Metz Apparatewerke, 509 F.2d 1137（7th Cir. 1975），Kearns v. Wood Motors, Inc., 1978 U.S. Dist. 204 U.S.P.Q.（BNA）485（E.D. Mich. 1979），Crystal Semiconductor Corp. v. TriTech Microelectronics International, Inc., 246 F.3d 1336（Fed. Cir. 2001），Merial Ltd. v. Cipla Ltd., 681 F.3d 1283（Fed. Cir. 2012）.

56）　最判平成 14 年 9 月 26 日民集 56 巻 7 号 1551 頁［カードリーダー］も，「米国特許法 271 条（b）項は，特許権侵害を積極的に誘導する者は侵害者として責任を負う旨規定し，直接侵害行為が同国の領域内で行われる限りその領域外で積極的誘導が行われる場合をも含むものと解されている。」と述べていた。

57）　愛知靖之「続・特許権の越境侵害——知財高判令和 4 年 7 月 20 日平成 30 年（ネ）10077 号

の検討を中心に――」法学論叢 192 巻 1 ～ 6 号 277-281 頁，290-295 頁（2023 年）。

58) 「市場地」を基準とする立場に親和的な米国学説として，Donald S. Chisum, *Normative and Empirical Territoriality in Intellectual Property: Lessons from Patent Law*, 37 VA. J. INT'l L. 603, 608-609（1997）, Elizabeth M. N. Morris, *Territorial Impact Factors: An Argument for Determining Patent Infringement Based upon Impact on the U.S. Market*, 22 Santa CLARA COMPUTER & HIGH TECH. L.J. 351, 365-366（2006）, Cameron Hutchison & Moin A. Yahya, *Transnational Telecommunications Patents and Legislative Jurisdiction*, 21 PAC. MCGEORGE GLOBAL Bus. & DEV. L.J. 45, 54-55（2008）. また，「域外適用否定の推定」を，反対の意図が明らかでない限り，行為がどこで行われたかにかかわらず，その効果が米国内で発生した行為のみに米国法が適用されるという原則だと捉える立場として，William S. Dodge, *Understanding the Presumption against Extraterritoriality*, 16 BERKELEY J. INT'l L. 85, 112（1998）.

59)　筆者の立場を簡単にまとめると，以下の通りとなる。①特許権侵害をめぐる法律関係を私法的法律関係と捉えて，「準拠法選択」の問題として純化する。②特許権侵害については，差止請求・損害賠償請求を問わず，不法行為と性質決定し（「抵触法上の属地主義」（登録国法主義・保護国法主義）をとる必要はない），法の適用に関する通則法 17 条（「不法行為によって生ずる債権の成立及び効力は，加害行為の結果が発生した地の法による。ただし，その地における結果の発生が通常予見することのできないものであったときは，加害行為が行われた地の法による。」）により処理する。③原則として，加害行為の結果発生地が日本であれば，我が国特許法を適用する。④通則法 20 条（最密接関係地法）・21 条（当事者による準拠法選択）・22 条（日本法の累積適用）も適用される。

特許権等の属地性「実務の視点」

山 内 貴 博

I "特許権の域外適用" または "準拠法の選択" についての基本的な考え方

「被疑侵害者の行為の一部が日本国外で行われている場合に，日本の特許権の効力を及ぼせるか」，換言すると，「一部が日本国外で行われている被疑侵害者の行為に特許権を及ぼす場合の準拠法をどのように決定するか」，という問題について，実務家としての視点を提供するのが本稿の目的である。

この問題を考えるに当たっては，やはり，「カードリーダー事件」最高裁判決（最判平 14・9・26 民集 56・7・1551）から出発せざるを得ない。

1 損害賠償請求

同判決は，特許権に基づく損害賠償請求については不法行為と性質決定して法例 11 条 1 項を適用するとした上で，特許権の直接侵害行為については，「原因タル事実ノ発生シタル地」は，当該行為が行われ権利侵害という結果が生じた米国と解すべきであるから，米国の法律が準拠法になるとした。もっとも，本件米国特許権を米国で侵害する行為を我が国において積極的に誘導した者は，米国特許法 271 条（b）項により損害賠償責任が肯定される余地があるものの，法例 11 条 2 項が累積的に適用されるため，属地主義により，登録国の域外での積極的誘導行為は違法と言えず，「外国ニ於テ発生シタル事実カ日本ノ法律ニ依レハ不法ナラサルトキ」に当たるから，米国特許法 271 条（b）項は適用しない，とした。

学説においても，不法行為と性質決定して通則法 17 条を適用し，「加害行為の結果が発生した地」の法を適用するとする説が多数説である。もっとも，結果発生地はどこと考えるかが大問題であり，見解が分かれている。

2　差止・廃棄請求

特許権に基づく差止・廃棄請求について，「カードリーダー事件」最判は，特許権の効力と性質決定して条理に基づき判断するとした上で，当該特許権と最密接関係国である登録国法（米国法）が準拠法になるとした。しかし，米国特許法 271 条（b）（特許権侵害積極的誘導行為の禁止）は属地主義に反するから，法例 33 条の公序良俗違反により適用しない，とした。

これに対し，多くの学説は，抵触法上，いったん日本特許法が準拠法とされれば，その後，実質法としての属地主義に基づき日本特許権の効力が問題とされる余地はないはずであり，「しかし，」以下の判断は誤り（33 条により適用を否定してはならない）として，上記最判を批判する。

そして，特許権に基づく差止・廃棄請求については，そもそも特許法上の関連法規を準拠法選択規則の対象としない（特許法は「強行的適用法規」とする）立場，準拠法選択規則の対象とし，損害賠償請求と区別せず不法行為と性質決定して通則法 17 条以下によるとする立場などに分かれている。

Ⅲ　検討①　総論：この問題にどうアプローチするか

そもそも，特許権の属地主義は，登録国を 1 歩も踏み出してはいけないとするほど厳しいものなのだろうか。むしろ，知財保護の谷間を作ってはいけないのではないかとの疑問が湧く。現時点での日本の学者・実務家の大勢は，属地主義はそれほど厳格なものではないとの点では，考えが一致しているように思われる。

そうすると次の問題は，登録国の国境をどの程度踏み出してもよいとするか，その基準である。基本的なアプローチとして，実体法からのアプローチと抵触法からのアプローチが考えられそうである。

1　実体法からのアプローチ

　何が日本国内にあれば，日本国特許権を及ぼしてもよいとするかを考えるアプローチである。大きく分けると，発明の「効果」に着目し，発明の効果が日本国内に及んでいればよいとする考え方（仮にA説と呼ぶ）と，被疑侵害者の「行為」に着目し，例えば，特許発明の技術的範囲の「主要な部分」に相当する被疑侵害者の行為が国内で行われていればよいとする考え方（仮にB説と呼ぶ）が成り立ちそうである。

2　抵触法からのアプローチ

　抵触法のセオリー通り，特許権侵害を理由とする請求についてはすべて不法行為と性質決定し，法の適用に関する通則法の第17条を適用し，「加害行為の結果」はどこで発生しているとみるかにより，日本国特許権の効力の及ぶ範囲を決定しようとするアプローチである。ここでも，発明の「効果」に着目し，発明の作用効果が及んでいる地が結果発生地であるとする考え方（仮にC説と呼ぶ）と，被疑侵害者の「行為」に着目し，例えば，被疑侵害者の何らかの行為が行われた場所が結果発生地であるとする考え方（仮にD説と呼ぶ）が成り立ちそうである。

3　検　　討

　かつて筆者は，特許の問題である以上は，やはりB説やD説のように，「特許発明の技術的範囲」に対応した被疑侵害者の「行為」と絡めた基準とすべきではないかと考え，私見としてB説を唱えたことがある。

　　『属地主義の原則は，国境を跨ぐ侵害行為が日本の特許権を侵害するとの結論を排除するほど，硬直したものではないように思われる。どのような国境を跨ぐ侵害行為が日本の特許権を侵害するといえるのか，その限界を画する基準としては，特許発明を構成する諸要素のうち「主たる行為」が日本で行われれば，残りの要素が国外で行われたとしても，なお，日本の特許権の効力が及ぶとしてよい

　　と考える。そして，「主たる行為」の基準としては，特許法にすでに存在する概
　　念であるいわゆる「本質的部分」の概念を利用するのがよいのではないか。』[1]

　他方，A説やC説のように発明の「効果」に着目するとした場合，その
「効果」とは，発明の作用効果を意味するのか，経済的な効果まで含むのかが
問題となる。筆者には，ここで検討すべき「発明の効果」とは，あくまで「課
題が解決できた」ことであって，「市場で売れた」ことではなく，経済的な効
果まで含むと，「日本の本社に支払われるライセンス料が減少した」あるいは
「子会社からの配当が減った」という主張まで許されることになりかねず，外
延が曖昧になりすぎるように思われる。発明の作用効果が発現している場所で
は，通常は経済的な効果も生じているのであって，発明の作業効果が発現して
いないのに経済的な効果が発現している地の法を適用するのは，特許権の効力
を過剰に及ぼしているように思えてならない。よって，経済的な効果は含まず，
あくまで発明の作用効果のみを検討すれば足りると考えたい。
　なお，抵触法の観点からは，「実体法の適用範囲」なるものを考える前に，
準拠法判断が先行するのではないかとも思われる。そうすると，そもそも「実
体法から」というアプローチ自体が可能なのか，という理論的な問題もあるよ
うに思われる。一筋縄ではいかないようである。

III　検討②　各論：どの「実施」を捉えて侵害行為と主張するか

1　基本的な考え方

　前項で検討した総論的な問題はさておいて，特許権者を代理する原告代理人
として，より実務的に，「国境を跨ぐ被疑侵害者の行為を発見したときに，被
疑侵害者の行為のどの部分を捉えどのように請求原因を組み立てるか」，とい
う視点からこの問題を検討することにする。
　当然のことながら，被疑侵害者の行為のうち，ある特定の行為が特許発明の
「実施」に該当すると主張できなければ，特許権侵害を主張できない。この
「実施」という概念を，特許法2条3項は以下のとおり定義している。

86

> 特許法２条３項　「実施」
> 一　物（プログラム等を含む。以下同じ。）の発明にあつては，その物の生産，使用，譲渡等（譲渡及び貸渡しをいい，その物がプログラム等である場合には，電気通信回線を通じた提供を含む。以下同じ。），輸出若しくは輸入又は譲渡等の申出（譲渡等のための展示を含む。以下同じ。）をする行為
> 二　方法の発明にあつては，その方法の使用をする行為
> 三　物を生産する方法の発明にあつては，前号に掲げるもののほか，その方法により生産した物の使用，譲渡等，輸出若しくは輸入又は譲渡等の申出をする行為

同条項に挙げられている事象を時系列順にとらえると，

①生産者による物の生産
　↓
②生産者・流通業者による物の譲渡（プログラムの提供，輸入，輸出，譲渡等の申出を含む）
　↓
③最終需要者による物の使用

という順序に並ぶ。

④方法の発明については，生産者，流通業者，最終需要者のいずれについても問題となり得よう。

　ここで留意すべきことは，特許権者の代理人としては，「どの類型に当てはまると主張すれば日本法（日本特許権）の適用が認められやすそうか」という視点で，被疑侵害者の行為という生の事実を，「実施」に当てはまるように切り取っていくという点である。そのような検討の結果，被疑侵害者によるある「実施」行為について日本法の適用が認められれば，その他の「実施」行為に

ついて日本法の適用が認められなくても満足できる（場合が多い）。例えば，
「物の生産」と捉えた場合は日本法の適用は難しいが，「物の使用」と捉えた場
合は日本法の適用は可能，という結論であれば満足できる（こともある）。

　逆に，全ての「実施」について日本国特許権が及ぶとの結論を導こうとする
と，違和感のある解釈を採用せざるを得なくなるかもしれない。無理は禁物で
ある。

　このような観点から，以下，各「実施」行為ごとに，類型論的に検討してみ
ることにする。

2　「①物の生産」が国境を越えるケース

まず，物の生産が国境を越えるケースを検討する。

⑴　裁　判　例[2]

　生産については，ドワンゴ対 FC2 の第 2 次訴訟に関する東京地裁と知財高
裁の判決が存在する。

東京地裁令和 4 年 3 月 24 日判決（ドワンゴ対 FC2 その 2）

　物の発明の「実施」としての「生産」（特許法 2 条 3 項 1 号）とは，発明の技術
的範囲に属する「物」を新たに作り出す行為をいうと解される。また，特許権の効
力が当該国の領域内においてのみ認められることを意味する属地主義の原則（最高
裁平成 7 年（オ）第 1988 号同 9 年 7 月 1 日第三小法廷判決・民集 51 巻 6 号 2299
頁，最高裁平成 12 年（受）第 580 号同 14 年 9 月 26 日第一小法廷判決・民集 56 巻
7 号 1551 頁参照）からは，上記「生産」は，日本国内におけるものに限定される
と解するのが相当である。したがって，上記の「生産」に当たるためには，特許発
明の構成要件の全てを満たす物が，日本国内において新たに作り出されることが必
要であると解すべきである。

　（中略）

　そうすると，被告サービス 1 により日本国内のユーザ端末へのコメント付き動画

を表示させる場合，被告サービス1が前記(1)ウ(ｱ)の手順どおりに機能することによって，本件発明1の構成要件を全て充足するコメント配信システムが新たに作り出されるとしても，それは，米国内に20存在する動画配信用サーバ及びコメント配信用サーバと日本国内に存在するユーザ端末とを構成要素とするコメント配信システム（被告システム1）が作り出されるものである。

　したがって，完成した被告システム1のうち日本国内の構成要素であるユーザ端末のみでは本件発明1の全ての構成要件を充足しないことになるから，直ちには，本件発明1の対象となる「物」である「コメント配信システム」が日本国内において「生産」されていると認めることができない。

知財高裁大合議令和5年5月26日判決（ドワンゴ対FC2その2）

　本件発明1は，サーバとネットワークを介して接続された複数の端末装置を備えるコメント配信システムの発明であり，発明の種類は，物の発明であるところ，その実施行為としての物の「生産」（特許法2条3項1号）とは，発明の技術的範囲に属する物を新たに作り出す行為をいうものと解される。

　そして，本件発明1のように，インターネット等のネットワークを介して，サーバと端末が接続され，全体としてまとまった機能を発揮するシステム（以下「ネットワーク型システム」という。）の発明における「生産」とは，単独では当該発明の全ての構成要件を充足しない複数の要素が，ネットワークを介して接続することによって互いに有機的な関係を持ち，全体として当該発明の全ての構成要件を充足する機能を有するようになることによって，当該システムを新たに作り出す行為をいうものと解される。

　（中略）

　特許権についての属地主義の原則とは，各国の特許権が，その成立，当該国の領域内においてのみ認められることを意味するものであるところ（中略），我が国の特許法においても，上記原則が妥当するものと解される。

（中略）本件生産１の１において，上記各ファイルが米国に存在するサーバから国内のユーザ端末へ送信され，ユーザ端末がこれらを受信することは，米国と我が国にまたがって行われるものであり，また，新たに作り出される被告システム１は，米国と我が国にわたって存在するものである。そこで，属地主義の原則から，本件生産１の１が，我が国の特許法２条３項１号の「生産」に該当するか否かが問題となる。

ネットワーク型システムにおいて，サーバが日本国外（以下，単に「国外」という。）に設置されることは，現在，一般的に行われており，また，サーバがどの国に存在するかは，ネットワーク型システムの利用に当たって障害とならないことからすれば，被疑侵害物件であるネットワーク型システムを構成するサーバが国外に存在していたとしても，当該システムを構成する端末が日本国内（以下「国内」という。）に存在すれば，これを用いて当該システムを国内で利用することは可能であり，その利用は，特許権者が当該発明を国内で実施して得ることができる経済的利益に影響を及ぼし得るものである。

そうすると，ネットワーク型システムの発明について，属地主義の原則を厳格に解釈し，当該システムを構成する要素の一部であるサーバが国外に存在することを理由に，一律に我が国の特許法２条３項の「実施」に該当しないと解することは，サーバを国外に設置さえすれば特許を容易に回避し得ることとなり，当該システムの発明に係る特許権について十分な保護を図ることができないこととなって，妥当ではない。

他方で，当該システムを構成する要素の一部である端末が国内に存在することを理由に，一律に特許法２条３項の「実施」に該当すると解することは，当該特許権の過剰な保護となり，経済活動に支障を生じる事態となり得るものであって，これも妥当ではない。

これらを踏まえると，ネットワーク型システムの発明に係る特許権を適切に保護する観点から，ネットワーク型システムを新たに作り出す行為が，特許法２条３項１号の「生産」に該当するか否かについては，当該システムを構成する要素の一部

> であるサーバが国外に存在する場合であっても，当該行為の具体的態様，当該シス
> テムを構成する各要素のうち国内に存在するものが当該発明において果たす機能・
> 役割，当該システムの利用によって当該発明の効果が得られる場所，その利用が当
> 該発明の特許権者の経済的利益に与える影響等を総合考慮し，当該行為が我が国の
> 領域内で行われたものとみることができるときは，特許法2条3項1号の「生産」
> に該当すると解するのが相当である。

(2) 検　　討

　被疑侵害者による「生産」行為の一部が日本国外で行われていたケースについ
て，東京地裁は日本特許法の適用を実質的に一律否定したのに対し，知財高
裁大合議は，日本国特許法の適用の余地を認め，①当該行為の具体的態様，②
当該システムを構成する各要素のうち国内に存在するものが当該発明において
果たす機能・役割，③当該システムの利用によって当該発明の効果が得られる
場所，④その利用が当該発明の特許権者の経済的利益に与える影響，その他の
要素を総合考慮して適否を決する，との判断基準を示した。

　被疑侵害事実の一部が日本国外で行われていたケースについて，日本国特許
法の適用の余地を知財高裁が認めた意義は大きい。もっとも，「生産」が国境
をまたいで行われているのに，これが日本国内で行われたとみることができる
との結論に対しては，日常用語の「生産」とかけ離れているように思われる。
日本国特許法の適用を認める結論を導こうとするあまり，「勇み足」をしてし
まったのではなかろうか。筆者を含め，結論には違和感を禁じ得ないとする学
者・実務家も多いように感じられる。

　また，4つの要素を「総合考慮」するとの基準については，各要素の軽重が
はっきりしないため，特許権者の代理人としては，4つの要素に該当する具体
的な事実を一所懸命主張しても（被疑侵害者の代理人としては，4つの要素に該当
する具体的な事実の不存在を一所懸命主張しても），裁判官が最終的にはどの要素を
重視して結論を導くのかがわからない。つまり，予測可能性が低く，代理人と
してはなかなか使いにくい基準であるというのも正直な感想である。

なお，本件はあくまで「ネットワーク型システムの発明」に限定した判示であり，あらゆる発明について汎用的な基準を示したものではないことにも注意が必要である。

3　「③物の譲渡」が国境を越えるケース

次に，国境を越えて物が「譲渡」されるケースを検討する。

(1)　裁　判　例

ドワンゴ対 FC2 の第 1 次訴訟は，譲渡の一類型である「プログラムの提供」に関する裁判例である。

知財高裁令和 4 年 7 月 20 日判決（ドワンゴ対 FC2 その 1）

　問題となる提供行為については，当該提供が日本国の領域外で行われる部分と領域内で行われる部分とに明確かつ容易に区別できるか，当該提供の制御が日本国の領域内で行われているか，当該提供が日本国の領域内に所在する顧客等に向けられたものか，当該提供によって得られる特許発明の効果が日本国の領域内において発現しているかなどの諸事情を考慮し，当該提供が実質的かつ全体的にみて，日本国の領域内で行われたものと評価し得るときは，日本国特許法にいう「提供」に該当すると解するのが相当である。

　これを本件についてみると，本件配信は，日本国の領域内に所在するユーザが被控訴人ら「各サービスに係るウェブサイトにアクセスすることにより開始され，完結されるものであって（甲 3 ないし 5，44，46，47，丙 1 ないし 3），本件配信につき日本国の領域外で行われる部分と日本国の領域内で行われる部分とを明確かつ容易に区別することは困難であるし，本件配信の制御は，日本国の領域内に所在するユーザによって行われるものであり，また，本件配信は，動画の視聴を欲する日本国の領域内に所在するユーザに向けられたものである。さらに，本件配信によって初めて，日本国の領域内に所在するユーザは，コメントを付すなどした本件発明 1 ―9 及び 10 に係る動画を視聴することができるのであって，本件配信により得ら

れる本件発明1—9及び10の効果は，日本国の領域内において発現している。これらの事情に照らすと，本件配信は，その一部に日本国の領域外で行われる部分があるとしても，これを実質的かつ全体的に考察すれば，日本国の領域内で行われたものと評価するのが相当である。

(2) 検　　討

以上のとおり，被疑侵害者による「プログラムの提供」行為の一部が日本国外で行われていたケースについて，知財高裁は，日本国特許法の適用の余地を認め，①当該提供が日本国の領域外で行われる部分と領域内で行われる部分とに明確かつ容易に区別できるか，②当該提供の制御が日本国の領域内で行われているか，③当該提供が日本国の領域内に所在する顧客等に向けられたものか，④当該提供によって得られる特許発明の効果が日本国の領域内において発現しているか，などの要素を総合考慮して適否を決する，との判断基準を示した。

本判決についても，被疑侵害事実の一部が日本国外で行われていたケースについて，日本国特許法の適用の余地を知財高裁が認めた意義は大きいといえる。もっとも，あくまで「日本国の領域内で行われたものと評価しうる」ときに限られており，実際にはかなり狭い（狭すぎる）のではないかとの懸念も感じる。

また，この判決も，4つの要素を「総合考慮」するとしており，やはり代理人としては使いにくい基準であるとの感は否めない。

(3) ケーススタディ

裁判例を離れ，「譲渡」等が国境を跨ぐケースをいくつか想定して検討してみたい。

まず，日本国外から日本国内に向けてプログラムをダウンロードさせるケースである。これは，端的に日本への「輸入」と捉えることができそうである。また，プログラムの提供が多くの場合ライセンス契約によることに着目すれば，国境を越える「貸し渡し」と捉えることもできそうである。

ただし，プログラムをダウンロードにより提供している者は国外におり，国外にいる者による「輸入」「貸し渡し」行為に日本の特許権を及ぼせるかが問

題となる。この点については，商標法はすでに1歩踏み出していることが参考になろう。つまり，2021年5月改正法により，商標法2条7項として「この法律において，輸入する行為には，外国にある者が外国から日本国内に他人をして持ち込ませる行為が含まれるものとする。」との条項が導入されたが，これは，あくまで，外国にある者が第三者を通じて行う輸入行為は日本国内で完結しているとの考えを前提とすると説明されている。であれば，特許法においても同様に，国外にある者がいわば外国から手を伸ばして日本にある者に対しプログラムをダウンロードさせる行為は，日本国内で完結していると考えられるのではないか。もしそう考えられるのであれば，そもそも渉外的要素はないとして，抵触法判断すら不要になるのではないだろうか。

　このように，「輸入」や「貸し渡し」という実施類型は，もっと注目されてもよいように思う。

　次に，日本国外のサーバから日本国内に向けてASP型サービスが提供されるケースについて考えてみる。一見すると，日本に対する「プログラムの提供」と捉えることもできそうであるが，「提供」という言葉は，一般用語としては，提供者から被提供者への対象物の移転を意味するものである。データはともかくプログラムそのものはサーバからクライアントに移転しないASP型サービスを「プログラムの提供」に当たると認定するのは，「提供」の一般的な意味から離れすぎているようにも思われる。

4　2件の知財高裁判決が挙げた「総合考慮」の要素の比較

　上述のとおり，ドワンゴ対FC2事件に対する2件の知財高裁判決は，それぞれ4つの要素を「総合考慮」して，日本国特許権を及ぼすか否かを判断するとした。しかし，具体的な4つの要素の内容は微妙に異なっている。

令和4年知財高裁判決	令和5年知財高裁大合議判決
① 当該提供が日本国の領域外で行われる部分と領域内で行われる部分とに明確かつ容易に区別できるか, ② 当該提供の制御が日本国の領域内で行われているか, ③ 当該提供が日本国の領域内に所在する顧客等に向けられたものか, ④ 当該提供によって得られる特許発明の効果が日本国の領域内において発現しているか	① 当該行為の具体的態様, ② 当該システムを構成する各要素のうち国内に存在するものが当該発明において果たす機能・役割, ③ 当該システムの利用によって当該発明の効果が得られる場所, ④ その利用が当該発明の特許権者の経済的利益に与える影響

　知財高裁が挙げた4要素をよく見ると, 令和4年判決・令和5年判決それぞれの①及び②は, 被疑侵害者の「行為」に着目する要素であり, ③と④は被疑侵害者の行為による「効果」に着目する要素であるといえそうである。なお, 両判決が共通して挙げている要素は, 「特許発明の効果が発現している場所」(令和4年判決の④, 令和5年判決の③)だけであることが興味深い。

　このように, 裁判所は, 被疑侵害者の「行為」と当該行為の「効果」の双方をみて, 総合考慮しているといえる。中庸な判断に見えるが, 繰り返しになるが予測可能性は低い。せめて, どちらを重視するのかを示していただきたいところである。

　例えば, 被疑侵害者の具体的な「行為」を特許発明の構成要件に照らして複数の要素に分解し,

　　(a)各要素のうち重要な機能・役割を果たす部分がすべて国内にあれば, 重要でない機能・役割を果たす部分が国外にあっても日本国特許権の効力が及ぶとし,

　　(b)重要な機能・役割を果たす部分の一部が国外にあったとしても, その「効果」が日本国内に及んでいれば, いわばその「効果」が「補完的」に働いて日本国特許権の効力を及ぼすことができるが,

(c)重要な機能・役割を果たす部分のすべてが国外にあった場合は，たとえその「効果」が日本国内に及んでいたとしても，日本国特許権の効力を及ぼすことはできない，

というように整理していただければ，実務家としては，書面が書きやすく，ありがたい。

5　「②物の使用」,「③方法の使用」が国境を越えるケース

最後に，国境を越えて物（方法）が「使用」されるケースを検討する。意外にも，このケースを扱った裁判例は見当たらない。

前項で整理した，被疑侵害者の「行為」と「効果」に着目して相関的に判断するという考え方は，「使用」のケースにも適用できないだろうか。つまり，被疑侵害者が「使用」している対象物を特許発明の構成要件に照らして複数の要素に分解し，

(a)各要素のうち重要な機能・役割を果たす部分がすべて国内で「使用」されていれば，重要でない機能・役割を果たす部分が国外にあっても日本国特許権の効力が及ぶとし，

(b)重要な機能・役割を果たす部分の一部が国外で「使用」されていたとしても，その「効果」が日本国内に及んでいれば，いわばその「効果」が「補完的」に働いて日本国特許権の効力を及ぼすことができるが，

(c)重要な機能・役割を果たす部分のすべてが国外で「使用」されている場合は，たとえその「効果」が日本国内に及んでいたとしても，日本国特許権の効力を及ぼすことはできない，

というように整理できないだろうか。

1）　知的財産研究所「ネットワーク関連発明における国境をまたいで構成される侵害行為に対する適切な権利保護の在り方に関する調査研究報告書」（2017 年 3 月），拙稿「「国境を跨ぐ侵害行為」に対するあるべき規律──実務家の視点から──」IP ジャーナル第 2 号（2017 年 9 月）http://fdn-ip.or.jp/ipjournal/vol.2.php

2）　下線は筆者による。以下同じ。

国境を越える特許権侵害
——抵触法の観点から

横　溝　　　大

I　序　　論

　抵触法における特許法乃至特許権の特徴は，所謂属地主義の原則が存在し，また，それを踏まえた多国間条約としてパリ条約が存在することである。そのため，学説上は，国境を越える特許権侵害を巡り，国際裁判管轄や準拠法選択について理論的に混乱した状況が続いているように思われる[1]。とは言え，実務上は，カードリーダー事件に関する最高裁判決[2]以降，差止・廃棄請求については特許権の効力の問題として登録国法が，また，損害賠償請求については不法行為の問題として法の適用に関する通則法（以下「通則法」とする）17条以下により準拠法が適用され，安定化したということが出来る[3]。現在は，国境を越えた特許権侵害につき，その準拠法が論じられるよりも，寧ろ，日本法が準拠法として選択された上で，属地主義の原則を前提に個々の規定の空間的適用範囲が議論の中心となっているように見受けられる[4]。

　本稿では，このような現状が抵触法上どのように評価されるのかという点について，また，それを踏まえた今後の展望について論じる。以下では，先ず，属地主義の位置付けと準拠法選択との関係について（II），次に近時の展開について（III），さらに，近時の傾向に対する評価と問題点への理論的対応について（IV），順に論じ，最後に，ここでの議論が抵触法の方法論に齎す影響，及び，特許法の各規定の解釈における属地主義の原則の理解について触れ，結語とする（V）。

II　属地主義の原則の位置付けと準拠法選択との関係

　抵触法上，属地主義の原則には，第一に，強行的適用法規[5]の空間的適用範囲が当該国家の領域内に限られることを示すものとしての属地主義，第二に，準拠法選択における，結果発生地といった土地に着目した連結素を示すものとしての，属人主義と対比される属地主義，第三に，国家行為の効力が他国には拡張されないことを示すものとしての属地主義，の３つの意味がある[6]。特許法乃至特許権に関する属地主義の原則は，抵触法上，どのように理解されるのだろうか。

　この点，最高裁は，BBS事件において，「各国の特許権が，その成立，移転，効力等につき当該国の法律によって定められ，特許権の効力が当該国の領域内においてのみ認められることを意味する」と述べている[7]。一方で，判旨の前半部分は法規ではなく各国特許権に着目し，特許権に対して適用される法について論じており，準拠法選択における第二の意味で論じているようにも思われるが，他方，後半部分はその効力の国際的範囲を論じており，特許権付与行為乃至手続の国際的範囲の問題として，国家行為の効力に関する第三の意味で論じているようにも思われ，その抵触法上の位置付けは不明確だと言わざるを得ない[8]。

　また，特許法乃至特許権に関する属地主義の原則の根拠に関しても，学説上，これをパリ条約に求める見解[9]，国際慣習に求める見解[10]，さらに，各国における政策的選択に求める見解[11]が対立しており，一致を見ない[12]。尚，派生的な問題として，パリ条約から準拠法選択規則が導かれるかという点があるが，この点についても，条約上の内国民待遇・独立原則から，保護国法，又は付与国法・登録国法を導く見解がある一方[13]，条約には準拠法選択規則は含まれておらず，その処理は各国抵触法に委ねられているという見解もあって，議論が対立している[14]。

　このような状況の中，カードリーダー事件において最高裁は，次のような判断を下した。すなわち，一方で，差止・廃棄請求については，これを特許権の

99

効力の問題とし，条理により，登録国法として米国法を選択しつつ，我が国の公序としての属地主義の原則により，法例 33 条〔現行の通則法 42 条〕により米国法の適用を排除した。他方，損害賠償請求については，これを不法行為の問題であるとし，法例 11 条〔現行の通則法 17 条〕により結果発生地法として米国法を選択しつつ，特別留保条項である法例 11 条 2 項〔現行の通則法 22 条 1 項〕により，米国法の適用を排除したのである。

　同判決については既に多くの評釈があり，改めて詳細を論じる必要はないだろう[15]。簡単にその特徴を述べれば，差止請求も含め外国特許法に基づく請求を日本で行う可能性を開いた点[16]，また，パリ条約に言及しなかった点が指摘出来よう。また，同判決は，学説上，差止請求と損害賠償請求とで異なる性質決定をすることの不適切さや[17]，準拠法選択後に属地主義の原則を考慮することの理論的な不明確さが批判されている[18]。

III　近時の展開

　カードリーダー事件最高裁判決以降，国境を越える特許権侵害に関し日本や海外ではどのように議論が展開したのだろうか。

1　日本における展開

　先ず，日本においては，裁判実務上，上述したカードリーダー事件最高裁判決の判断枠組が定着したと言える。また，殆どの公表事例において日本法が適用されており[19]，属地主義の原則を前提として日本の特許法上の規定の解釈が論じられている[20]。

　学説上は，カードリーダー事件最高裁判決における理論的な不明確性にどのように対応するかという点が，2006 年の法例改正・通則法制定により不法行為に関する準拠法選択規則が変更されたことも踏まえて論じられて来た。すなわち，通則法 17 条以下は，従前の法例 11 条と異なり，結果発生地の法よりも明らかにより密接な関係を有する地の法の例外的な適用を認める規定（20 条）や，事後的な当事者の合意による準拠法の変更（21 条）についての規定を導入

したのである。このような変更に対処するため，この問題を条理により保護国法によって判断すべきであると主張する見解も見られる[21]。これに対し，差止請求も含め，全ての請求につき不法行為の問題として通則法17条以下により準拠法を決定すべきであると主張する見解もある[22]。その他，将来の各国での立法作業において参考となるべく，この問題も含め，知的財産権に関する抵触法的問題について，日本単独又は韓国と共同で立法案やモデル原則が作成されるといった動きも見られた[23]。

2　国際的な動向

　次に，国際的な動向としては，学説上は，条約中に属地主義の原則と保護国法の適用を命じる準拠法選択規則を見出す見解が現在でも主流とされているものの[24]，異論も少なくない[25]。

　とりわけ注目すべき展開として，2007年に成立した契約外債務の準拠法に関するローマⅡ規則[26]が，知的財産権侵害の準拠法に関し，8条1項により保護国法主義を採用した点が挙げられる[27]。この規定における「保護国法」の意味を巡っては解釈が分かれており，これを不法行為地と解釈する見解もあるが[28]，注目されるのは，近時これを，原告の請求に従って決定される主観的連結と看做す見解が有力に主張されていることである[29]。例えば，Metzgerは，知的財産法上の属地主義の原則を，準拠法選択後の，実質法における解釈問題として位置付けており，カードリーダー事件を念頭に，限界的な事例において，A国の知的財産法がB国での行為に適用される可能性がある場合に，公序としての属地主義の原則による排除の可能性を示唆する。そして，このような処理は，属地主義の原則を，知的財産法における他国の政策的選択の域外適用に対抗する実効的手段としての機能を有すると把握した場合に可能となる，と述べている[30]。このように，近時EUでは，カードリーダー事件最高裁判決における差止請求の準拠法に関する処理を正面から肯定し，属地主義の原則を準拠法選択後の実質法の適用範囲の問題として位置付け[31]，また公序により外国法の適用を排除するために用いることが，8条1項の解釈論上有力に主

張されているのである。我が国の抵触法上問題視されている点が，何故EUでは正面から解釈論として肯定されるのだろうか。

　これらの見解は，知的財産権が，各国の経済的・社会的・文化的政策の一部として付与され制限されるものであるという理解を示しており[32]，公法・私法の峻別を前提とした伝統的なサヴィニー型抵触法体系[33]から逸脱しているように見受けられる。この点，EUでは，製造物責任，環境侵害，競争制限行為，消費者保護等，EUの政策実現のための手段として抵触法が道具主義的に利用されるようになっているという指摘がなされており，保護国法主義に関する上述のような解釈は，このようなEU準拠法選択規則の変容という文脈で理解すべきなのではないかと思われる[34]。

　次に，裁判実務については，EU諸国においても，基本的には自国法の適用が殆どのようである。とは言え，外国法が適用されることが前提であり[35]，欧州特許との関係においてではあるが，外国特許法が適用された事例も見られる[36]。

　尚，インターネットにおいて属地主義の原則が争われた事例としては，デンマークのドメインにおけるホームページによるドイツにおける商標の侵害が問題となった事例において，ドイツ連邦通常裁判所は，保護国法であるドイツ商標法の適用に関し，対象行為とドイツとの間に十分な経済的関連性が必要であると述べている[37]。

　最後に，日本・アジアと同様欧米でも，近時は知的財産権と抵触法に関するモデル原則の作成が進められ，アメリカ法律協会によるALI原則[38]や知的財産における抵触法のための欧州マックス・プランク・グループによるCLIP原則[39]を踏まえ，最近では，2020年に国際法協会が京都ガイドラインを公表している[40]。そこでは，知的財産法乃至知的財産権における属地主義の原則，及び，保護国法主義を基軸とし，ユビキタス侵害等の場面において若干の例外を認めることが提言されている[41]。尚，紛争解決に関し両当事者に一定の裁量を認めるべきだという発想から，スイス国際私法等を参考に[42]，知的財産権侵害に関する救済に関し当事者自治，すなわち当事者の合意による準拠法選

択を認める提案がなされている点が注目される[43]。

Ⅳ　近時の傾向に対する評価と問題点

1　評　　価

このような近時の傾向は，どのように評価されるのだろうか。

先ず，前提として，パリ条約と抵触法，属地主義の原則に関して，筆者は別稿で以下のような見解を示している。すなわち，パリ条約 4 条の 2 においては特許独立の原則が規定されているが，同原則は，外国で成立した特許権の効力が当然には自国に及ばないことを示すものであって，外国法の適用の有無も含め，どのように法を適用するかは基本的には各国に委ねられている[44]。また，属地主義の原則は，パリ条約の前提となっていたものの，同条約自体が規定しているわけではない。条約が前提とする国際慣行までもが条約の内容と一体化して締約国を拘束するとは考えられず，時代の変化に応じ，各国が自国特許権の成立・移転・消滅に外国での法的状況や事実を考慮すること（所謂域外適用）は，条約によっても妨げられない[45]。

その上で，カードリーダー事件最高裁判決及びその後の下級審裁判例をどのように評価するかという点についてであるが，米国特許権に基づく差止請求に関する最高裁判決の判断，すなわち，特許権の効力は登録国法による，というルールを示しつつ，属地主義の原則に従い米国法の適用を排除する，というプロセスを，通常の準拠法選択プロセスと同視することは矢張り困難であるように思われる。というのも，登録国法という連結素は，外見上は中立的であるものの，実際には原告が一方的に選択・決定するものであり，また，準拠法選択後に公序による米国法の国際的適用範囲を審査することは，準拠法選択の方法そのものを無意味にすることになるからである[46]。

とは言え，このような判断プロセスを抵触法上理論的に説明することが出来ないというわけではない。すなわち，最高裁は，その文言にも拘らず，外国の強行的適用法規としての特許法関連法規が我が国で適用され得る一例を示したのだという説明があり得よう[47]。外国の強行的適用法規の適用を巡っては，

様々な議論があるが，これに肯定的な見解は，国際立法管轄や公序等，一定の要件の下にその適用の有無を判断することを主張している[48]。このような見解に依れば，原告が適用を要求する米国法の適用を通常の準拠法選択規則との整合性を問題とすることなく説明出来る上に，米国特許法の規定の国際的適用範囲について，日本での適用のための要件として属地主義の原則を課すことを，矛盾なく説明出来るだろう。また，特許政策の重要性が更に高まっており，特許法関連法規に関する政策的色彩が濃くなりつつあるという時代の傾向にも副い，上述したローマⅡ規則8条1項の近時の有力な理解の方向性にも合致しているということが出来るだろう。

　他方で，損害賠償請求を不法行為と性質決定している点については，学説上も多数説であり，基本的には問題がないように思われる[49]。通則法の下では，例外条項による準拠法の修正や当事者に依る準拠法の変更が認められている点が問題となるものの，前提としての特許権侵害を（原告が保護を要求するという意味での）登録国（＝保護国）法により判断するという点を維持しておけば[50]，損害額の算定といった救済に関する点につき当事者による準拠法の変更を認めることにそれ程支障はないように思われる。

　このように，カードリーダー事件最高裁判決の判断プロセスについては，差止請求に関する法規の適用についての説明を修正すれば，基本的には今後も維持出来るものと思われる[51]。

2　問題点

　但し，上述の説明においては，外国特許法に基づく差止めの可能性を最高裁が文言上開いた点が問題として残る。というのも，このような説明に依れば，外国特許法に基づく差止請求を日本で審理することは，外国の強行的適用法規に基づく直接請求を認めることを意味するからである。そして，そのような請求を認めることは，自らが属していない，従って当該外国の社会経済政策の成立過程に関与する手段を有していない外国の公権力行使を，民事訴訟を通じて認めることにより，私人の法的地位が影響を被ることになり，当事者に対する

手続保障といった憲法上の観点から問題があると考えられるのである[52]。このような請求を我が国裁判所が審理することには正統性があるのだろうか。

　この点，グローバル化への抵触法的対応という文脈において，近時，グローバル化の下でその役割と地位が後退した国家が自らの利益を実現するためには，他の国家的法秩序との協力が不可欠であり，そのための方法として，コミティ（国際礼譲）を基礎とした法廷地裁判所による外国公法・外国の強行的適用法規の適用といった一方的・自発的な協力を提唱する見解があり，注目される[53]。確かに，この点を，コミティによる日本の裁判所による外国国家への積極的協力の一例と説明することは可能であろう[54]。だが，その場合であっても，外国の強行的適用法規の名宛人である私人との関係では，矢張り上述の問題が残されるように思われる。当該法規の適用可能性を認めるには，我が国立法部を介した正統性の担保が必要なのではないだろうか。

　このような正統性の根拠は，我が国も加盟国の一つである世界貿易機関（WTO）に関する，世界貿易機関を設立するマラケシュ協定（所謂 WTO 設立協定）の附属書の一つである知的所有権の貿易関連の側面に関する協定（TRIPs 協定）の前文において，「知的所有権が私権であることを認め」るとされていることに見出すことが出来るだろう。同協定を条約として国会で承認することで，特許権を含む知的財産権を私権と認め，外国の知的財産権侵害についても民事訴訟を通じた救済を与えることにつき国家として積極的に関与することを決定したと言い得るからである[55]。

　こうして，外国特許法上の関連法規に従い当該外国の特許権侵害に基づいた差止請求が，これらの法規を強行的適用法規と看做した場合においても我が国裁判所で審理可能ということになろう[56][57]。

V　結　　語

以上，国境を越える特許権侵害について，抵触法の観点から現状を評価すると共に残された問題点に関する理論的な対応を示した。最後に，特許権を含む知的財産権侵害の準拠法に関するここでの議論が抵触法に齎す影響について指

摘すると共に，最近問題となっている特許法の各規定の解釈における属地主義の原則の理解について触れ，本稿を終えることとする。

1　準拠法選択一般への示唆

　特許権を含む知的財産権侵害の準拠法について趨勢となっている保護国法主義は，これを筆者のように強行的適用法規と看做すにせよ看做さないにせよ[58)]，知的財産に関する各国主権や各国の経済・社会政策の尊重という側面を含んでいると看做されている[59)]。従って，このような準拠法選択規則は，私的利益を考慮し最密接関連法を探求して来た伝統的な準拠法選択の方法とは明らかに異質なものを含んでいる[60)]。

　この点，EUにおいては，前述の通り，抵触法の道具主義的利用という観点から，伝統的な準拠法選択の方法を乗り越えようとする姿勢が伺える。我が国においても，グローバル化の下で準拠法選択を含む抵触法の方法論自体が問い直されねばならないだろう。

　この点に関し，筆者は，我が国抵触法も，従来抵触法が問題として来なかった公法的規制も含め，グローバル・ガバナンスにおける規整的権威の適切な調整や各法秩序の権威の保障を目指すべきではないかという提言を一般的な形で行っている[61)]。また，知的財産権の文脈では，グローバル化の進展を踏まえ，知的財産権に関しては，紛争が何れの国の経済・文化政策に深く関るかという点，当事者の訴訟負担と予測可能性，そして紛争の効率的な解決という，3つの要素を考慮して準拠法選択を行うべきであるという観点から，個別類型毎に具体的な準拠法選択のあり方を提言する見解が登場しており，注目される[62)]。

　このように，特許権を含む知的財産権に関する準拠法選択を巡る議論動向は，抵触法の方法論一般，また，競争制限行為等他の法律関係の準拠法についての今後の議論に影響を与えずにはいないだろう。

2　特許法の各規定の解釈と属地主義の原則

　国際裁判管轄における不法行為地の解釈を見ると，インターネット上の不法

行為については，閲覧可能性が認められれば結果発生地としての不法行為地が肯定される，というのが最高裁の見解である[63]。不法行為地という属地的な概念の解釈がこのように柔軟になされる可能性を考えれば，ネットワーク関連発明において，特許法上の属地主義の原則が，解釈上ア・プリオリに制約をかけることは考えられない[64]。属地主義の原則の解釈は，規範的な問題であり，それを今後も維持するとしても，我が国特許法の趣旨目的から判断されるべきなのではないだろうか[65]。

　そして，我が国特許法の趣旨目的が，基本的には自国市場における発明の奨励と産業の発達にあると解されることからすれば（特許1条参照），対象行為が日本市場に向けられたものかどうかが重要であると考えられる。そこで，対象行為が国内市場に実質的な影響を与えている場合に，特許法2条3項にいう「実施」と看做してはどうかと考える[66]。このような説明は，殆ど競争法分野における効果理論と同様であるが[67]，属地主義の原則を維持する見解の下でも，実施行為が国内で行われていると説明することも可能なのではないだろうか[68][69]。

【付記】　本稿は，日本工業所有権法学会2023年度研究会（2023年6月17日，甲南大学）のシンポジウム「ボーダレス・エコノミーと特許権等の属地性」において，「国境を越える特許権侵害——抵触法の観点から」というテーマで筆者が行った報告を基としている。準備段階や当日御議論頂いた先生方にこの場を借りて謝意を表する。また，本稿は，基盤研究（A）「グローバル法・国家法・ローカル法秩序の多層的構造とその調整法理の分析」（令和元〜5年度：代表原田大樹）の研究成果の一部である。

1）　拙稿「知的財産に関する若干の抵触法的考察」田村善之編著『新世代知的財産法政策学の創成』（有斐閣・2008年）445頁参照。
2）　最判平成14年9月26日民集56巻7号1551頁。
3）　近時の例として，東京地判平成30年9月19日（裁判所Web〔平28（ワ）38565号〕），東京地判令和4年3月24日（裁判所Web〔令元（ワ）25152号〕）及びその控訴審判決たる知財高

判令和 5 年 5 月 26 日（裁判所 Web〔令 4（ネ）10046 号〕，知財高判令和 4 年 7 月 20 日（裁判所 Web〔平 30（ネ）10077 号〕）。損害賠償について通則法 17 条を適用した事例として，知財高決平成 26 年 5 月 16 日判タ 1402 号 166 頁・判時 2224 号 89 頁，及び知財高判平成 26 年 5 月 16 日判タ 1402 号 166 頁・判時 2224 号 146 頁，差止請求について特許権の効力の準拠法とした事例として，東京地判平成 27 年 2 月 18 日（2015WLJPCA02189003〔平 25（ワ）21383 号〕）。

4）　東京地判令和 4 年 3 月 24 日・同上及びその控訴審判決たる知財高判令和 5 年 5 月 26 日・同上，知財高判令和 4 年 7 月 20 日・同上。

5）　公権力性の度合いの高さ故に，準拠法如何に拘らず，通常，常に適用される法規。強行的適用法規については，櫻田嘉章＝道垣内正人編『注釈国際私法（1）』（有斐閣・2011 年）39 頁以下参照［横溝大執筆］。

6）　拙稿〔判批〕ジュリ 1184 号（2000 年）140 頁，141 頁以下。

7）　最判平成 9 年 7 月 1 日民集 51 巻 6 号 2299 頁。

8）　拙稿・前掲注6）142 頁。

9）　パリ条約 4 条の 2 乃至 2 条から属地主義の原則を導く議論については，木棚照一『国際工業所有権法の研究』（日本評論社・1989 年）82 頁以下参照。

10）　Antoine Pillet, *Le régime international de la propriété industrielle* (Allier frères, 1911), p. 11.

11）　Arnulf Weigel, *Gerichtsbarkeit, internationale Zuständigkeit und Territorialitäts-Prinzip im deutschen gewerbichen Rechtsschutz* (Verlag Ernst und Werner Gieseking, 1973), pp. 105-111; 田村善之『著作権法概説〔第 2 版〕』（有斐閣・2001 年）560 頁。

12）　拙稿「知的財産法における属地主義の原則——抵触法上の位置づけを中心に」知的財産法政策学研究 2 号（2004 年）17 頁参照。尚，属地主義の原則を，外国で成立した知的財産権の内国での効力を当然には認めないというものとして理解する私見につき，同・前掲注 1）464 頁参照。これに対し，特許権に関する条約上の要請又は慣習国際法として属地主義の原則を根拠付ける近時の見解として，鈴木將文「特許権に係る属地主義の原則」パテント 76 巻 14 号（2023 年）6 頁，9 頁。

13）　例として，石黒一憲『国境を越える知的財産　サイバースペースへの道程と属地主義』（信山社・2005 年）160 頁以下（パリ条約 4 条の 2 から保護国法の絶対的適用が直接的に齎されるとする）。

14）　ベルヌ条約を中心とした議論ではあるが，拙稿・前掲注 1）447 頁以下参照。

15）　拙稿〔判批〕法協 120 巻 11 号（2003 年）2299 頁，同〔判批〕中山信弘ほか編『特許判例百選〔第 4 版〕』（別冊ジュリ 209 号）（2012 年）200 頁及びそこに挙げられた文献参照。

16）　拙稿・同上〔法協〕2311 頁以下。

17）　木棚照一〔判批〕民商 129 巻 1 号（2003 年）118 頁，西谷祐子〔判批〕櫻田嘉章＝道垣内正人編『国際私法判例百選〈新法対応補正版〉』（別冊ジュリ 185 号）（2007 年）75 頁。

18） 拙稿・前掲注 15）〔法協〕2308 頁以下。

19） 但し，商標権についてではあるが，日本法人から日本法人に対する商標権侵害に基づく損害賠償請求につき，通則法 17 条に従い中国，台湾，香港法を適用した事例として，東京地判平成 23 年 3 月 25 日（裁判所 Web〔平 20（ワ）27220 号〕）。また，著作権についてではあるが，台湾法人から日本法人に対する損害賠償請求につき，通則法 17 条に従い台湾法を適用した事例として，東京地判平成 23 年 3 月 2 日（裁判所 Web〔平 19（ワ）31965 号〕），及びその控訴審判決たる知財高判平成 23 年 11 月 28 日（裁判所 Web〔平 23（ネ）10033 号〕）。

20） 前掲注 4）。

21） 西谷・前掲注 17）75 頁。

22） 愛知靖之「IoT 時代における『属地主義の原則』の意義──『ネットワーク関連発明』の国境を越えた実施と特許権侵害──」牧野利秋編『最新知的財産訴訟実務』（青林書院・2020 年）262 頁。

23） 日本からの立法提案として，日本法の透明化プロジェクトによる立法提案（河野俊行編『知的財産権と渉外民事訴訟』（弘文堂・2010 年）参照），日韓国際私法学会会員による共同提案「知的財産権に関する国際私法原則」木棚照一編著『知的財産の国際私法原則研究』（成文堂・2012 年）。

24） 例えば，法規分類学派の抵触法を前提としていたパリ条約・ベルヌ条約に現代的解釈を加えることにより，保護国法主義を導く近時の論稿として，Sierd J. Schaafsma, *Intellectual Property in the Conflict of Laws* (Elgar, 2022).

25） 学説の状況につき，Ulrich Magnus/Peter Mankowski, *European Commentaries on Private International Law, Vol. III Rome II Regulation* (ottoschmidt, 2019), pp. 299-300 [Axel Metzger]. 尚，異論の主眼は，著作権等において保護国法主義以外の別の準拠法選択規則を提唱する点にある。*Ibid.*

26） Regulation (EC) No 864/2007 of the European Parliament and of the Council of 11 July 2007 on the law applicable to non-contractual obligations.

27） 「知的財産権侵害から生ずる契約外債務の準拠法は，保護が要求される国の法による（The law applicable to a non-contractual obligation arising from an infringement of an intellectual property right shall be the law of the country for which protection is claimed）」。

28） Yves El Hage, *Le droit international privé à l'épreuve de l'internet* (LGDJ, 2022), p. 516; André Lucas/Agnès Lucas-Schloetter/Carine Bernault, *Traité de la propriété littéraire et artistique* (5ᵉ éd., LexisNexis, 2017), pp. 1239-1240; Pierre-Yves Gautier, *Propriété litteraire et artistique* (11ᵉ éd., PUF, 2019), p. 328.

29） とりわけ参照，Opinion of Advocate General Jääskinen, delivered on 13 June 2013, Case C-170/12 *Peter Pinckney v KDG Mediatech AG*, para. 47（保護国法主義を，原告に法選択を委

ねる主観的連結に基づくものと位置付ける）; Metzger, *supra* note 25), p. 310. Ulrich Magnus/Peter Mankowski, *European Commentaries on Private International Law, Vol. III Rome II Regulation* (ottoschmidt, 2019), p. 310 [Axel Metzger]. 保護国法と不法行為準拠法との相違を強調する Dário Moura Vicente, *La propriété intellectuelle en droit international privé* (ADI-Poche, 2009), p. 220 も, El Hage, *supra* note 28), p. 515 において, 同様の主観的連結として位置付けられている。

30) Metzger, *supra* note 25), p. 311.

31) Vicente, *supra* note 29), pp. 222-223.

32) Metzger, *supra* note 25), p. 301; Vicente, *supra* note 29), p. 220.

33) 簡単には, 拙稿・前掲注 12)〔知的政策学研究〕23 頁以下。

34) 製造物責任, 環境侵害, 競争制限行為, 消費者保護等, EU における抵触法の道具主義的利用につき, 拙稿「レギュレーションと抵触法——EU 抵触法の質的変化を中心に」国際私法年報 17 号（2016 年）113 頁。また, Marketa Trimble（横溝大訳）「国家の知的財産政策の道具としての抵触法規則」名古屋大学法政論集 263 号（2015 年）545 頁も参照。

35) James J. Fawcett/Paul Torremans, *Intellectual Property and Private International Law* (2nd ed., Oxford, 2011), p. 809.

36) 欧州特許に関し, 英国, フランス, イタリア, スウェーデン法を適用したドイツの事例として, LG Düsseldorf, Urteil, 22.09.1998, *GRUR Int.* 1999, 458.

37) BGH, Urteil vom 14. 10. 2004, *GRUR* 2005, 431 – Hotel Maritime.

38) The American Law Institute, *Intellectual Property: Principles Governing Jurisdiction, Choice of Law, and Judgments in Transactional Disputes* (ALI Publishers, 2008).

39) European Max-Planck Group on Conflict of Laws in Intellectual Property, *Principles for Conflict of Laws in Intellectual Property: The CLIP Principles and Commentary* (Oxford, 2013).

40) International Law Association, *Guidelines on Intellectual Property and Private International Law* (Kyoto Guidelines)(2020), which can be found in *Jipitec*, Vol. 12, Issue 1 (2021).

41) *Ibid.*, pp. 56-60（25 条及び 26 条）.

42) スイス国際私法 110 条 2 項（法廷地法であるスイス法の選択を当事者に認める）, 中国渉外民事関係法律適用法 50 条。

43) International Law Association, *supra* note 40), p. 57 (Kyoto Guideline 25 条 2 項)。

44) 拙稿・前掲注 1）459 頁以下。但し, 一旦自国で成立した特許権を無効としたり消滅させるために, 外国特許権の無効・消滅, 存続期間の経過等を考慮することは, パリ条約 4 条の 2 により制限される。

45) 拙稿・前掲注 1）463 頁以下。

46) 拙稿・前掲注 15)〔法協〕2308 頁以下。道垣内正人「特許権をめぐる国際私法上の問題」知

財管理 60 巻 6 号（2010 年）881 頁も参照。

47)　拙稿・前掲注 15）〔法協〕2310 頁。

48)　拙稿・前掲注 5）44 頁以下参照。

49)　拙稿・前掲注 15）〔法協〕2313 頁。

50)　この点につき，拙稿「国境を越える不法行為への対応」ジュリ 1232 号（2002 年）126 頁，135 頁参照。

51)　尚，前述の通り，日本では，差止請求と損害賠償という救済方法の相違により異なる準拠法選択を行うことに対する批判が強いが，このような区別は海外の学説においても見られる。嘗て，Troller が，差止請求について保護国法の適用を，損害賠償請求については不法行為の準拠法の適用を主張していたことにつき，拙稿・前掲注 1）471 頁以下。近時でも，Vicente は，ローマⅡ規則 8 条 1 項について，保護国法主義は，各国経済政策に結び付いた公益上の要請であり，知的財産に対する独占権の成立，内容，行使，移転に関するものであるのに対し，不法行為の準拠法は私的利益に関するものであることから，知的財産権侵害に基づく損害賠償の問題を保護国法に依らしめることには根拠がないと批判する。Vicente, *supra* note 27), pp. 336-337（但し，先決問題である知的財産権の存在や有効性の準拠法と不法行為準拠法との準拠法の分断（dépeçage）を回避する必要性から，最終的には同規定を正当化する。*Ibid.*, p. 339).

　　但し，厳密に言えば，差止請求と損害賠償という救済方法による類型的な区別はやや不十分であると言える。特許権侵害の救済に関する法規については，その公権力性の度合いの多寡により，不法行為の特則と看做すべきものと強行的適用法規と看做すべきものとが存在する。前者は不法行為の準拠法が適用される場合に適用され，後者は，国際立法管轄や公序等一定の要件の下に適用されることとなる。最高裁は，差止請求権に関する法規を一括りにしているが，本来，強行的適用法規か否かは，対象となる法秩序の個々の法規の趣旨目的で判断されるべきであり，各国の差止請求に関する法規一般について同一の性質を有するものと看做すことは出来ない。この点については，原告の請求の基礎となる法規毎に，個別に判断して行くべきであるように思われる。拙稿・前掲注 12）29 頁。

52)　拙稿「抵触法における不正競争行為の取扱い——サンゴ砂事件判決を契機として」知的財産法政策学研究 12 号（2006 年）185 頁，228 頁，石黒一憲『現代国際私法上』（東大出版会・1986年）471 頁以下，同『ボーダーレス・エコノミーへの法的視座——続・ボーダレス社会への法的警鐘』（中央経済社・1992 年）131 頁以下。

53)　Johanna Guillaumé, *L'affaiblissement de l'État-Nation et le droit international privé* (LGDJ., 2011), pp.426-428. Guillaumé の見解については，拙稿「グローバル化時代の抵触法」浅野有紀＝原田大樹＝藤谷武史＝横溝大編著『グローバル化と公法・私法関係の再編』（弘文堂・2015 年）109 頁，116 頁以下参照。

54)　尚，抵触法におけるコミティの再評価の可能性につき，加藤紫帆「コミティ（礼譲）の現代

的展開（1）（2・完）」名古屋大学法政論集 268 号（2016 年）155 頁, 271 号（2017 年）65 頁参照。

55）　前文における同条項は, 私的に保有された利益を規定する国家法を規定すること, そのような利益を保護する国家法の下で提供される救済を特定すること, 私的な権利者のために知的財産権侵害を取り締まることに政府が責任を負わないことを明確にするといった, TRIPs 協定独特の性格のために導入されたとされる。UNCTAD-ICTSD, *Resource Book on TRIPS and Development* (Cambridge University Press, 2005), p. 11. 救済の特定という文脈において, 上述のように同条項を位置付けることも可能であろう。

56）　この点につき否定的に解していた従来の私見（拙稿・前掲注 12）32 頁等）を変更する。

57）　但し, 外国特許権侵害に基づく訴えについては, 国際裁判管轄における民訴法 3 条の 9 にいう「特別の事情」の有無の判断において, 外国特許権を扱うものであることが「事案の性質」の一要素として考慮されるべきであろう。

　　　尚, 米国特許権侵害に基づく損害賠償請求権の不存在確認請求について, 特別の事情の存在を認め訴えを却下した事例として, 大阪地判令和 3 年 1 月 21 日（裁判所 Web〔平 30（ワ）5041 号〕）及びその控訴審判決たる知財高判令和 3 年 9 月 30 日（裁判所 Web〔令 3（ネ）10026 号〕）。

58）　保護国法主義を強行的適用法規と看做す時代は明らかに過ぎたという言説が存在することにつき, El Hage, *supra* note 28), pp. 551-552.

59）　François Dessmontet, "Internet, la propriété intellectuelle et le droit international privé", in Katharina Boele-Woelki/Catherine Kessedjian (eds.), *Internet: Which Court Decides? Which Law Appplies?* (Kluwwer Law International, 1998), p. 47, p. 52; Metzger, *supra* note 25), p. 301; Vicente, *supra* note 29), p. 220.

60）　「属地主義の原則の反映である保護国法主義を準拠法選択規則として採用することは, すでに潜在的に一国の政策を考慮しているという点で, 抵触法の中立性から乖離している」と指摘するのは, 張晶「グローバル化時代の知的財産権の抵触法の考察──属地主義から政策衡量へ」名古屋大学博士学位論文（2018 年）220 頁（以下のサイトから入手可能：〈https://nagoya.repo.nii.ac.jp/records/26475〉（最終閲覧日：2023 年 12 月 30 日）。

61）　拙稿・前掲注 53）120 頁以下。

62）　張・前掲注 60）205 頁以下。

63）　最判平成 28 年 3 月 10 日民集 70 巻 3 号 846 頁。

64）　属地主義の原則が,「かなり柔軟に適用することが許される原則」であると述べるものとして, 鈴木・前掲注 12）11 頁。

65）　尚, ネットワーク関連発明と属地主義の原則との関係についての様々な学説については, 拙稿〔判批〕判例秘書ジャーナル・文献番号 HJ100161（2023 年 2 月 28 日掲載）1 頁, 5 頁以下参照。

66) 拙稿〔判批〕ジュリ 1322 号（2006 年）180 頁。これに対し，特許法の究極の趣旨を，公共財である技術的思想の創作に対するフリー・ライドを過度に放任することから生ずる創作に対する過少投資を防止する点にあるとし，特許発明の効果の発現している場所を重視するのは，田村善之〔本件判批〕WLJ 判例コラム 297 号〔2023WLJCC019〕1 頁，15 頁。

67) 尚，知的財産権が，特定国の規律管轄権の範囲内でではあるものの，その範囲が「当然のことながら，当該国の物理的国境を越えて事実上拡張し得る」と指摘するものとして，Trimble・前掲注 34）557 頁。

68) 但し，自国規定の解釈においてその適用範囲を拡大することは，外国における関連法規を適用する際の要件判断にも影響するという点にはやや留意が必要かも知れない。

69) 尚，所謂効果理論と柔軟に解釈された属地主義の間の差異は殆どないように思われる。抵触法の観点からすれば，ある国の法を国境を越えた事象に対し適用する際に重要なのは，その適用の正統性を担保する密接関連性の存在であって，行為の一部が当該国内でなされたかどうかはそのための徴表の一部に過ぎない。拙稿・前掲注 5）40 頁以下。属地主義を定める刑法 1 条 1 項の解釈における，構成要件該当事実の一部でも日本国内で発生すれば，国内犯として日本刑法の適用が可能であるとする所謂「遍在説」への批判として，町野朔『刑法総論講義案 I〔第 2 版〕』（信山社・1995 年）97 頁，石黒一憲『国際民事訴訟法』（新世社・1996 年）19 頁，拙稿〔判批〕ジュリ 1220 号（2002 年）143 頁。

III 質疑応答

駒田　共通討議に参りたいと思います。

　共通討議用に，幾つかパネリストの先生方に質問をするためのクエスチョンというものを事前に作ってまいりました。これらのクエスチョンについて，パネリストの先生方がどのようにお考えになるのかということをお聞きし，さらにパネリスト間で議論をしてみたいと思います。

　まず，最初のクエスチョンですけれども，「特許権についての属地主義の根拠を何らかの成文規定に求めるか否かとは別に，そもそもこの原則はいかなる価値判断に立脚しているのか」というクエスチョンであります。

　私の考えを申し上げさせていただくと，属地主義とは理論的産物というよりは判例の積み重ねによる歴史的な産物であると。といいますのも，ドイツでも，属地主義の根拠づけはあまり的確に行われてこなかった印象があります。今日でも，この原則の根拠を，単純に国家主権や国家行為としての特許権の付与に求めることが多い。確かに執行管轄権の場合は属地主義が無条件に妥当しますが，立法管轄権についていえば，属地主義というのは法適用の一つのあり方でしかありません。また，国家行為であるから，当然にその効力は領域限定的とはなりません。一つ例をあげれば，わが国で破産手続開始決定がされますと，在外資産にもその効力が及ぶという立場がとられております（破産法34条1項）。

　私自身は，知的財産権も一般国際私法の方法論に依拠すべきと考えているので，知的財産権の効力に関しては，最密接関係地法としての知的財産の利用地法を準拠法にするという連結規則を，条理上，承認したいと思っているのですが。そして，そういった連結規則を用いれば，権利の効力が多くの場合，属地的に限定されているように見える，というだけの話ではないかと考えております。私は，ここで利用地法と言ったのですが，本シンポジウムのようなテーマを扱う時には，もう少し正確に，知的財産の最終需要地法と言ったほうがいいと思っております。なぜこのような連結規則を支持するかといいますと，最終需要地こそが，発明利用者も特許権者も最大の関心をもつであろう場所であって，法律関係の重心が見いだされる場所と考えられるからであります。以上が私の見解なのですが，各先生方はどのようにお考えになるでしょうか。愛知先生，いかがでしょうか。

愛知　まず，アメリカ法の立場について，私のスライドで言えば，9頁以下（※本誌62-63頁）に少しだけまとめておきましたので，ご覧いただければと思います。とりわけ11頁辺り（※本誌62頁）ですかね。国際的な軋轢が生じないようにとか，あるいは国際礼譲といったようなことが，一応，裁判例の中では斟酌されております。

　以前にも論文で少し書かせてはいただいたのですが，基本的に条約等には根拠を見いだせないということがよく言われてきたわけでございます。これもよく言われていることですけれども，知的財産法がそれぞれの国の産業政策とか，あるいは文化政策といったものに密接に結び付いた法であるという基本的な理解を前提にして，これまで各国が一致して足並みをそろえて，属地的適用というものを採用してきました。抵触法上のルールとして，あくまで政策判断として，そういうものを共通して採用してきた。そのような状況にあるのだろうと思います。私自身は，あくまで政策的な判断として，そういったことを採用しているに過ぎないと考えています。

　ただ，もちろんこういった政策判断ということを前提と致しますと，政策というものには変容の可能性は当然あるわけでして，属地主義を金科玉条のように常に堅持しなければいけないかというと，そうでもないような気が致しますので，報告の中で申し上げたような立場を取っているわけです。特に報告の中で申し上げましたように，属地主義は，国境というものが持つ意味が大きく，あまり国際流通も盛んでなかったということも背景に出来上がったのではないかなとも考えております。それが，特に近時の情報関連技術，インターネット技術の発達によって，国境は非常に容易に越えられる。今回のドワンゴのような事件が増え続けるに及んで，例えばサーバが外国にあるだけで，それで「属地主義に反するから，一切，駄目ですよ」ということは，今後はなかなか難しいのではないかなという気はしております。少なくとも属地主義に反するからというだけで何らかの結論を導き出す，つまり属地主義というものをある種のベースラインに据えて，属地主義に反するから妥当でないとか，そういったような言説というのは，今後はあまり使うべきではないと思います。なぜ属地主義に反するのが妥当ではないのかといったようなことを，より実質的に議論すべきです。色々な立場が当然あるのですが，単に「属地主義に反するから」というだけで議論を終わらせるのではなくて，「なぜ属地主義に反することが妥当でないのか」といったようなことを互いに論証し合うことによって，生産的な議論につなげるという方向性が望ましいのではないかと個人的には考えております。ちょっとご質問の回答になってないかもしれませんけども，私自身はそのように考えております。以上です。

駒田　ありがとうございます。先生が提唱される結果発生地法への連結という抵触規

則を採用すると，ある種，権利の効力が属地的であるかのように見えるという，私のような理解の仕方でよろしいのでしょうか。

愛知　そうですね。基本的に，これはもう色々な理解があると思うのですが，先ほど横溝先生のご報告の中にもありましたように，市場地と言った時に，基本的には内国特許法というものは，やはり内国における市場というものを念頭に，そこからの対価，市場機会，あるいは需要の保護というものを念頭に置いているのだと考えています。その結果，ある種，属地的な効力のようなことになって，今回ご報告は省略させていただきましたけども，外国の行為に対して損害賠償請求を認めるかどうかというところで，結構，違いが出てくるのではないかと思います。

駒田先生もそうですし，あるいは田村先生も仰っておられますように，外国で発生した損害に対しても賠償を認めていいのだという考え方も存在します。日本で譲渡して，日本から輸出して，それが外国で販売されているという時に，その外国の販売によって生じた逸失利益という損害についても，日本の実施行為と相当因果関係のある損害だという形で，賠償を認めることによって，そこまでの市場をカバーできるようになる。そういう考え方もあるのはもちろん承知はしておりますが，私自身は，あくまで市場地自体は内国に閉じているのではないかと思っております。そういう意味では，ある種，属地性にこだわっている面もないわけではないということであろうかと思います。

駒田　では，次に，横溝先生のご見解をさらに聞いておきたいと思います。

横溝　属地主義はいかなる価値判断に立脚しているのかということですが，私は，ある国の政策が他国には自動的に影響を及ぼすべきではないという価値判断に立脚しているというふうに言えるのではないかと思います。対概念として属人主義というのがございまして，ある国で行われた創作については，その国の法が属人的に世界に及ぶのだという考え方に対して，「国によっても政策が違うのだから，お互いにお互いのところは自分たちで判断しよう」ということで，ある国の，例えば本国とか，そういったことの法の内容が他国には自動的に及ぶようなことを避け，お互いにお互いの政策を尊重し合おう，というような発想に立っているのが属地主義だと考えております。ということで，自国が例えば他国の特許権を尊重するかどうかとか，そういったことは，各自で決めてくれということですので，属地主義の原則に基づいて，何か抵触法上，答えが出てくるわけではないと思っております。そのようなところから，では抵触法の観点からどういう方向に立って，この問題を処理するのかという際，2つの方向性があると思います。1つは，伝統的なサヴィニー型法体系の中で知的財産権侵害も位置付けていくという方向です。そうしますと，例えば不法行為の準拠法とか，そういったルールの中において

117

結果発生地などを当てはめていくということになるかと思います。それが駒田先生や愛知先生のお立場だと理解しております。もう1つは，特許権あるいはそれを生じさせている特許法の経済政策的な色彩を正面から認めた上で，かつ，お互いの，自国法の適用範囲も考えつつ，外国の特許法も一定程度適用していくという方向が考えられます。その場合には，従来のサヴィニー型体系には乗ってこないようなアプローチが必要です。現在，先ほどちょっとEUの例で触れましたが，グローバル化の影響の下で，従来のサヴィニー型抵触法体系はもう保てないのではないか，違うアプローチが必要なのではないか，特に双方型の準拠法選択は問題なのではないかというような話もございまして，そういったグローバルガバナンスという観点から，違うアプローチでこの問題を処理していく，それを正面から認めていく，という方向もあると思っております。私，まだちょっと最後まで踏み切れないのですけれども，そちらの方向で説明していく，カードリーダーの最高裁判決は，そういう契機を与えてくれているのではないかという気がしております。以上です。

　駒田　ありがとうございます。今，横溝先生がおっしゃった後半部分ですけれども，それは，いわゆる強行的適用法規としての性質決定をもはや維持せず，やはり私法的なものと考えつつも，サヴィニー型といわれる一般国際私法の方法論は使わずに，より道具主義的に攻撃的に連結規則を組み上げていくというようなご見解かというふうに受け止めたのですが，違うんでしょうかね。

　横溝　いえ，法規の政策的色彩が高くても，外国法も適用していく。ただ，その際に，例えば市場地法によるといった形で，連結素を使って内外国法を通常の準拠法選択規則のように似せるのではなくて，原告が主張する当該外国法規の適用について受け入れるかどうかというのを個別に判断していくというアプローチ，抵触法の専門用語で言えば，一方主義的等と言いますけれども，そういったアプローチを採る可能性を考えています。

　駒田　あまり国際私法に精通しておられない先生方のために，さらにお聞きしたいのですが，外国の公益的法規であるにもかかわらず，なぜそのことを特段気にせずに，内国裁判所があたかも1個の私法であるかのように連結できるのでしょうか。

　横溝　抵触法の役割自体を大きく変えようという考えでありまして，国際的に実現すべき，保護すべき公益の実現等のために，抵触法も寄与するべきなのだという考えから，例えば各国の公法規制の調整についても一定の指針を示していくべきだと，そういった観点から考えています。

　駒田　ありがとうございます。そちらの方向に踏み出すか否かとは別に，現段階での先生のご見解としては，強行的適用法規として考えていくということなのでしょうけれ

ども，先生もおっしゃっていたように，対象行為が日本市場に向けられたものかどうかが重要ということですから，これはやはり実施構成事実が一部でも外国で生じていたら，日本の特許法は適用できないのだという立場にはつながらない，という理解でよろしいでしょうか。

横溝 それはそのとおりで結構です。

駒田 ありがとうございます。山内先生，いかがでしょうか。

山内 ざっくりしたコメントになりますが，属地主義の価値判断というのは，国家間あるいは各国の国家法の役割分担をどうするかという話なんだろうと思っています。今までは，全ての国が自国の領域で起きたことに対して適用すると。ただ，昨今，そういう姿勢で臨むと，やはり保護の谷間が生じてしまうので，A国でもB国でもつかまえられないという意味では，一定の拡張適用みたいなものを認めないといけないだろうと思います。ただ，あまりにも広げ過ぎると，日本にちょっとでも引っかかれば，全部，外国で起きたことにも及ぼしていくというようにすると，逆のこともやられる可能性があるわけで。そうすると，日本国内だけで譲渡なりが行われていて，日本の特許だけ見ていればよかったのに，アフリカの何とか国の特許がいきなり及ぼされるというと，それはそれで困るので，どっかやっぱり中庸な基準というのがあるんじゃないかなというふうに思ってます。

駒田 ありがとうございました。それでは次のクエスチョンにいきたいと思います。「特許製品が外国の生産者から内国の顧客に譲渡された場合，譲渡実施を理由とする内国特許の侵害を肯定するか」というクエスチョンです。これは，輸入実施ではなく，譲渡実施を理由として内国特許権の侵害を肯定するかという質問になります。関連質問として，「譲渡の申出が内国で行われた場合，その申出を理由とする内国特許権の侵害を肯定するか」というのもありますけれども。

私の意見を最初に述べさせていただくと，内国が最終需要地と言えれば内国法に連結するということですので，これによって抵触法上の問題は全部，解決されたことになります。したがって，譲渡の場所というのをもはや考える必要がなく，その行為が端的に譲渡実施の要件を満たしていれば，内国特許権の侵害を肯定してよいだろうと。関連質問も，つまり申出についても，同じ理由で準拠法になるということだと思います。そして，その申出が端的に内国法上の実施要件を満たしていれば，内国特許権の侵害が肯定されるでしょうと。愛知先生はいかがでしょうか。

愛知 私も結論としましては駒田先生と同様でして，最終的に内国に製品が持ち込まれる以上は，内国特許権者に対して内国で特許発明の需要喪失という結果が発生すると

いうことになりますので，譲渡行為自体が外国で行われていると評価されましても，内国特許法が準拠法となります。譲渡行為地が外国と評価されようが内国と評価されようが，いずれにしましても，譲渡実施に対して内国特許法の適用を認めてよいと思います。その上で，侵害の成否それ自体は，もちろん内国特許法の解釈・適用次第ということになりますけども，日本特許法であれば特許権侵害は肯定されると思います。損害額ももちろん内国特許法次第ということになりまして，その解釈・適用によるということで，日本特許法であれば102条が適用可能ということになろうかと思います。それで，関連質問が，申出ですね。これも同じでして，譲渡の申出につきましても，その申出自身が内国で行われようが外国で行われようが，内国に持ち込まれるということを前提とした申出である限りは，内国において特許発明に対する需要の喪失のおそれという結果がその時点で発生しますので，譲渡の申出に対して内国特許法の適用を認めてよいと考えます。その点では駒田先生と同じではないかと思います。以上です。

　駒田　ありがとうございます。多分，同じお答えをいただけるだろうと思っていたのですけど。次に横溝先生。回答をお願いできますか。

　横溝　私も，お二人と同じ立場だと思います。ただ，準拠法選択の側面ではなくて，特許法の解釈として同じ立場になるということです。以上です。

　駒田　日本特許法の適用はあるだろうっていうことですよね，こういった事案。いかがですか。日本特許法を適用した結果，どんな結論が出るかはともかく。

　横溝　日本特許法を適用して，そうなるということです。

　駒田　分かりました。山内先生，いかがでしょうか。

　山内　私は，そんな効果が云々ということ以前の問題として，単純に譲渡，あるいは輸入と捉えてもいいと思うんですけども，十分，日本国内での実施行為に該当するだろうと思います。で，さきほども少し申し上げましたけど，商標法2条7項が対象とする輸入行為はあくまで日本国内で行われているんだというふうにいわれており，特許法でもその理屈でよいと思います。横溝先生にご質問なんですけれど，今の事例は，どう見ても外国で譲渡の出発点があり渉外的要素があるので，まずは準拠法選択が先に来るというふうには考えないんですか。

　横溝　いや，私，例えば，差止めが問題になった時には，原告が日本の特許権侵害を主張して請求を立てていれば，日本法で判断するという立場ですので，準拠法選択を別に問題にしなくてもいいのです。ただ，損害賠償の時は，一応，不法行為と考えますので，不法行為の準拠法が問題にはなるのですけれども，その前提として特許権侵害が問題となっているかどうかということが問題になりまして，その際には，原告が日本の特

許権侵害を主張していれば，日本の特許法を見ざるを得ないので，やはり同じことになります。ですから，あまりこの問題で準拠法選択を考えずに，日本法の解釈として答えることができると思って，日本法の話をしていたのです。

　ちょっと特許法の先生方のほうが国際私法の話をしていて，私が特許法の解釈問題というのは，混乱させてしまうのかもしれないのですけれども，一応，説明としては以上になります。

　駒田　すみません，今の横溝先生のお答えは，近年のドイツ国際私法の通説にかなり影響されているように聞こえたのですけれども。もともとは強行的適用法規というお立場ですから，これは連結原則であり，国際私法上の，あるいは公法も含めた抵触法上の問題とお考えになっていたのではないかというふうに想像していたのですけれども。そうではなくて，原告がどの国の特許法を適用するか，自由に選んでよいと。で，その選択された特許法の中で，属地主義がどのように解釈されているかで判断するという。今まで横溝先生がお書きなられたものを見た感じでは，そういうお立場であるように私は読めなかったのですけれども。

　横溝　いや，全く説は変わっていません。

　駒田　そうですか。

　横溝　強行的適用法規として考えているのですけれども，ではどの強行的適用法規が適用されるのかという時に，それは請求の基礎になっているものを適用するしかないだろうということです。その部分で，では準拠法選択とか抵触法的な考えが入っていないかというと，今言ったような形で入っているので，特に考えが変わったとかいうことではないと思います。ちなみに，多分，ドイツの通説とおっしゃっているのは，透明化プロジェクトの先生方がずっとドイツ人研究者と議論をしていらしたから，彼らの考えがドイツ人に移っていったので，逆だと思います。

　駒田　今，逆だとおっしゃったのは，透明化の先生方が？

　横溝　「ドイツ法の考え方が影響してるだろう」とおっしゃっていたのを，逆にわれわれの考え方が移っているのではないかとみているということです。

　駒田　あっちを影響させたと。

　横溝　はい。

　駒田　分かりました。なんか非常に面白いお話を聞けました。はい，どうぞ。

　愛知　すいません，ちょっと私が説明を完全にし忘れましたが，準拠法選択の問題になるというのは，私のレジュメでは70頁（※本誌82頁注59）に，一応，まとめておきましたので，ご参考までに。

　それとは異なるのですが，山内先生に確認させていただきたいことがございます。今回，L−グルタミン酸製造方法事件というのは，物の発明ではなくて，製法発明だったわけです。その場合，発明の本質的部分の実施がされた地と考えますと，生産方法の実施，すなわち物の生産自体は全て外国でされていますので，本質的部分の実施地も当該外国となりそうです。そうしますと，その製法を用いて生産された物のその後の譲渡とか，あるいは譲渡の申出についても，製法発明の本質的部分というのは外国で実施されてしまっていますので，その後の実施行為全て日本法を適用できないっていうことになるのでしょうか。先生，発明の本質的部分で見た場合に，製法発明の場合，どうなるのかというのが気になります。

　山内　グルタミン酸の事件がどういう事件だったか，今すぐに思い出せないです，また今になって考え方が深まって，2017 年当時とちょっと違うことを言うかもしれませんが，あの時に言っていた本質的部分というのは，生産行為をつかまえて日本の特許権を及ぼそうとする時には，本質的部分が日本で行われていれば，余計なところが海外で行われていても特許権を及ぼせるという意味で，日本の特許権の及ぶ範囲を拡張している。で，譲渡の場合は，何でって言われると，ひょっとすると，もう 1 回，考え直さないといけないかもしれませんが。仮に中国でいろんな物がつくられて，完成品までできましたと。それが日本に輸入され，日本で譲渡されていた場合に，日本に存在する物が日本の特許権の構成要件を技術的範囲に全て含まれていれば，生産が中国で行われていても，当然，これは差止めできるって，皆さん思っていると思うんです。違いますかね。違う。それはない？

　駒田　それは日本にしか入ってこない製品なのですね？

　山内　日本にしか入ってこない。でも，今，日本でつくられているものって，大体が中国でつくられているわけで。だけど，それ差止め，認めていると思うんです。

　駒田　そして，それだけ。

　山内　じゃあ，それがほんとに正しいのかどうかっていうことは，もう 1 回，考え直さないといけないかもしれませんが。なので，発明が物の発明ではなくて生産方法の発明であって，生産は日本で行われてなくて中国で行われている場合，ではそこに特許権を及ぼしていいかどうかっていう問題になって。物の生産方法の発明であれば，さすがに中国で全て生産が行われている場合に，日本の特許権は及ぼせない。だけども，中間生成物が日本に導入されていて，それフィニッシュだけ日本で行われている場合には，ひょっとすると及ぼせるかもしれない。ネットワーク型発明の方法の例えば使用を捉えると，国境を越えて一気に使用をしているというふうに捉えると，ひょっとすると，そ

の本質的部分が日本にあれば特許権を及ぼせる，という議論が使えるかもしれない。うまく説明できていますかね。

　愛知　ただ，製法発明の本質的部分が実施された地を基準にするということですので，生産は確かにうまくいくんです。それは仰る通りかと思います。ただ，いったん生産された物の譲渡というのは，その物自体には一切，生産方法の本質的部分というのは常に反映されているわけではないように思います。生産方法の発明ですから。そうすると，製法発明の本質的部分というのは，物自体には反映されてなくて，物をどのように作るかですから，出来上がった物自体にはその本質的部分は使われていないというか，反映はされていないとも言えそうです。あくまで製法発明の本質的部分は全て外国で実現しているということになります。そうなりますと，譲渡や，ここで今ご質問をいただいている譲渡の申出というのも，一切，日本法ではなくて，中国で作られた物であれば全て中国法ということになってしまうのではないかという素朴な疑問です。

　山内　それはそうなるし，それでしょうがないと思っています。それは中国法で，中国の裁判所で訴えないといけないというふうに思います。

　駒田　ありがとうございます。フロアのほうからも色々ご質問があるでしょうから，サクサク進めていきたいと思います。次は，「特許製品がもっぱら外国を移動するような譲渡の申出が内国で行われたことを理由として，内国特許権の侵害を肯定すべき場合があるか」というクエスチョンでして，関連質問で「もしそれにイエスと回答する場合，損害額はどう考えたらいいでしょう」という質問です。

　これらについて私の考えを述べさせていただくと，最終需要地が外国なら，外国法に連結するのが私の立場です。申出の場所は特に考慮する必要はなくて，その行為が端的に当該外国法上の実施要件を満たしていれば，侵害を肯定してよいかなと。ただ，その申出行為が内国で行われているということなので，カードリーダー事件最判の考え方に従えば，公序が発動されて，外国法の適用は排除されるかもしれません。他方で，譲渡については，公序は発動されないかなと。当該譲渡を理由とする損害賠償については，当該外国法で計算するということかと思います。愛知先生，いかがでしょう。

　愛知　私も，製品を一切，内国に持ち込むことを前提としていないという場合であれば，そのような前提の下に行われた譲渡の申出については，需要の喪失のおそれというのは日本では生じないということになりますので，その場合は内国特許の侵害も構成しないと思います。ただ，場合によっては，譲渡後に転々流通する過程で，たまたま偶然，日本に入ってくるという場合もあります。その場合，先生は，どうお考えなのか，後で確認させていただきたいのですが，私は，その場合にも，レジュメの70頁（※本誌82

頁注59）に示しましたように，法の適用に関する通則法の但書で，結果発生が予見できないということで，日本の特許法は適用できないため，日本特許権の侵害を構成しないと考えております。たまたま入ってきた場合なのですが，最終需要地は結果的に日本になるというケースです。意図してはいなかったのだけれど，たまたま入ってきたので日本が最終需要地になった場合というのは，駒田先生は，どのようにお考えになるのでしょうか。

　駒田　それは，転々流通している時の中間にいる人が被告になっているような状況でしょうか。

　愛知　持ち込んだ人。

　駒田　持ち込んだ人ですか。

　愛知　そうです。

　駒田　その場合には，まさに最終需要地法としての日本法を適用しても問題ないのでは。

　愛知　それはそうですね。ただ，第一譲渡人を訴えた場合は。

　駒田　第一譲渡人を訴えるという状況なのですね。

　愛知　ええ。損害賠償とか。

　駒田　その場合は，やはり先生がおっしゃるように，予見可能性は重要だと思いますので，さすがに日本法を準拠法にするわけにはいかないかな，と思います。最終需要地の特定に当たっては，発明だけでなく利用者との関係も考慮しなければなりません。

　愛知　そうですね。ありがとうございます。

　駒田　山内先生，どうでしょう。特に回答を用意されてないようでしたら，別に。

　山内　譲渡の申出が内国で行われたということの具体的な形態によるのかなと思います。原則としては，１回も日本に入ってきてないと，インドで造られたスズキの車がタイに輸出といった場合には，やはり日本の特許権を及ぼせないんだと思うんですけども。その契約行為が日本法人，日本の親会社同士で結ばれたみたいな場合は，ひょっとするとそこが譲渡の申出であって，みたいな議論が可能かもしれませんけど，ちょっと厳しいかなというふうに私は思います。

　駒田　確かに一口に申出といっても，色々な事実関係が想定できますから，その事実関係次第なのかもしれませんが。ただ，一般的な問題として，対象譲渡が外国で生じていると。しかし，その譲渡の申出が内国で行われたことを理由に，内国特許権の侵害を肯定すべきか，という論点が一応あるので，お聞きしたいのですが，それについては，先生は別に対象譲渡の場所はどうでもいいじゃないかというご見解でしょうか。

山内 いやいや，逆で，原則はやっぱり及ばない。で，契約行為，申出行為が日本で行われたということを捉えて，「日本で譲渡が行われているんだけど，物は遠隔でインドにあるんだ」という主張をしても，多分，裁判所，通らないだろうなって私は思ったりするんですけど，そうでもないですか。

駒田 グルタミン酸の場合は，最終的に特許製品は日本に入ってきましたが，譲渡が外国で行われていても，申出行為は内国で行われたということで，現に特許権侵害が認められているケースです。

山内 ですか。

駒田 ええ。横溝先生，何かご発言がありましたら。大丈夫でしょうか。

横溝 ええ。

駒田 愛知先生，どうぞ。

愛知 私は，やはり最終的に日本に入ってきたという点が重要だと思っていますが，それは駒田先生も同じっていうことでよろしいですね？

駒田 そうですね。私もそうです。最終需要地というふうに考えたならば，譲渡実施の場所などはどうでもいいと。

愛知 そういうことですね。

駒田 ええ。

愛知 分かりました。考え方が一緒なので，あまり面白くはないかもしれませんが。

駒田 では，次のクエスチョンにいきたいと思うのですけれども。「方法発明の一部工程が外国で実行される場合，またはネットワークによって実現されるシステムの発明の構成要件の一部が外国で生じる場合で，内国特許の侵害を肯定すべき場合があるか」ということなのですが。関連質問で，「もしイエスと回答するなら，複数人が分担実施している場合はどうですか」ということなのですが。

何回も繰り返して申し上げていますが，その発明の最終需要地が内国であるとすれば，内国法に連結するのが私の立場であります。工程の実行地をそれ以上に考慮する必要はなく，全工程の実行が端的に内国特許発明の構成要件を満たしていれば，内国特許権の侵害を肯定してよいと思います。そして，複数人が分担実施している場合に侵害が成立するか否かは，純粋国内事案と同様に考えればよく，道具理論とか共同侵害の理論，共同遂行理論の適用が考えられるかと思います。愛知先生，いかがでしょうか。

愛知 私自身も，特許発明それ自体の需要喪失が内国で発生するのであれば，つまり市場地が内国である限りは内国特許法が適用されると考えています。その結果，侵害が成立するかどうかは，もちろん内国特許法の解釈次第ということになりまして，日本特

許法であれば侵害が肯定されます。その上での分担実施につきましても，もちろん内国特許法の解釈・適用次第ということになりまして，日本法であれば，色々考え方はあり得ますけども，私自身は道具理論と主観的関連共同性を要求する共同直接侵害論に基づいて，これらを適用可能なケースであれば侵害の成立を認めてよいと考えております。

　　駒田　ありがとうございます。山内先生，どうぞ。

　　山内　あえてポジショントークをしますと，特許発明があって，大事な部分，課題を解決した部分と言ってもいいと思うんですけども，主要な部分，本質的部分，何でもいいんですけども，大事な部分，コアな部分があって，周辺部分があるという場合に，それが日本国内で行われて実現されていれば，周辺部分が国外にあっても，日本法が，日本の特許権を及ぼしていいだろうと。そういうふうに考えた時に，生産については，及ぼせる場面は相当少ないのではないか。使用については，先ほども申し上げましたけども，管理支配みたいなものをかませて肯定できる場合っていうのが少し広いのではないかという感じです。

　　ちょっと質問をしてもよろしいですか。

　　駒田　どうぞ。

　　山内　最終需要地あるいは市場地とおっしゃっているのは，FC2の事件で言えば，あれは画面にコメントが流れるわけですけど，あのコメントが日本で見えるっていうことをおっしゃっているのか。それとも，世界中であのコメントは見えるんだけれども，それによってFC2の本社は，あれアメリカでしたっけ。それが広告料でもうけるとか，市場で利益を得ているっていうのはそういう意味だと思っているのですが，それが日本にあればいいという意味なのでしょうか。もっと言うと，全ては国外で行われているんだけれども，ライセンス料とか配当で日本本社に吸い上げている場合とか，そういう場合も含めて日本法を，日本特許権を及ぼすのでしょうか。

　　駒田　最後のケースは，ちょっと私は想定してないです。

　　山内　ですよね。

　　駒田　はい。最終的な損益計算地というのは，私がここで言う最終需要地ではないので。

　　山内　ない。とするとどこまでなんでしょう。

　　駒田　FC2のようなケースは，動画が様々な国で見えるのであれば，ユビキタス侵害なのでは，というふうに思われまして。ユビキタス侵害に関しては，単一連結を志向する立法論が色々と提唱されていますけれども，私はあまりどれも気に入らないというか。普通にモザイク的連結でいいのではないかと思っていますので。ですから，原告が

どの市場を問題とするかによるのです。

　山内　日本で画面にコメントが流れることによって日本で得た広告料，これに関する損害っていうのが多分あると思うのですが，それについては，「日本で何人，ユーザー見たかな」と，「広告料が何円くらい入ったかな」っていうのを計算して，「それが損害です，それについては日本法を適用，日本の特許権を及ぼす，その場合に，侵害者の本社がどこにあろうが関係がない」，という考えですか。

　駒田　関係ないという，はい。

　山内　そこは，私の立場からすると，コメントが表示されるというのが特許の主要な部分だというふうに認定できるケースについては同じ結論になると思います。

　駒田　そうですか。

　山内　ええ。

　駒田　主要な部分がどこかを軸とすると。

　山内　だから，クレームっていうか，発明の中身による。

　駒田　そうですか。

　山内　ええ。

　駒田　分かりました。

　山内　例えば，データをアップロードするとものすごい処理がどこかのサーバで行われて，単に数字が返ってくるだけっていう時にどう考えるかっていうのは，またちょっと変わってくるかな。事案によっては変わってくるのかなと思います。

　駒田　主要部分の所在地がサーバ所在地となる場合に，それでよいのか，という問題意識なのでしょうか。違うかな。

　愛知　フロアからご質問をいただいていたところなのですが，たとえば，SaaS という，ダウンロードせずにサーバに残したまま，クライアントがサービスだけを受けるという場合につきましては，サーバに置かれているのだから，結論が変わってくるということになるのですか。

　山内　逆に言うと，本質的部分が外で行われている例というのが，今パッと浮かばないということかもしれませんね。

　駒田　よろしいでしょうかね。最後のクエスチョンに参りたいと思います。「方法発明の全工程が外国で実行されている，またはネットワークによって実現されるシステムの発明の構成要件の全てが外国で生じているが，被告がその発明により国内市場で商業的利益を得ている場合，内国特許の侵害を肯定すべきか」という質問ですけれども。

　これも私の立場で言うと，もう繰り返しで，最終需要地が日本であれば，日本の特許

127

法を適用すればよい。そのステップがどこの国で実行されているかとかいうことは，特段，考えないということです。愛知先生，いかがでしょうか。

愛知　駒田先生のお考えと全く変わりません。

駒田　そうですか。

愛知　私の立場も，商業的利益を得ているということで，市場地が国内ということになりますので，方法発明の全工程が国外で実施されていたとしても，やはり内国特許法を適用すべきで，侵害となるか否かは内国特許法の解釈次第ということになります。

駒田　ありがとうございます。山内先生は，これはもう侵害とは言えない。

山内　侵害と言えないです。商業的利益だけが日本，こっちに上がってくるっていうだけじゃ無理。発明の効果が，課題の解決が日本で行われているとかいう，何らか発明に絡めないと，やっぱり厳しいっていうか，ちょっと広がり過ぎな感じがします。

駒田　了解しました。この場合，その本質的部分はどこかの国で処理していれば，その国の法を適用すべきだろうと。

山内　はい，あえてそこは。

駒田　分かりました。これは，横溝先生的としては，日本の特許法に連結されるのでしょうか。

横溝　いや，もう日本法の解釈として，お二人と同じです。

駒田　そうですか。

横溝　先ほどと同じだと思います。

駒田　ありがとうございます。関連質問があるのですが，ちょっと次の頁へいってもらえますか。「方法発明の全工程が内国で実行されている，またはネットワークによって実現されるシステム発明の構成要件の全てが内国で生じているけれども，被告がその発明によって，もっぱら外国市場で商業的利益を得ている場合，内国特許の侵害を肯定すべきか」という質問ですが。

　これは，私の立場でいえば当然，内国法は適用できないということになりまして，内国特許権の侵害を肯定できないということになりますし，愛知先生もそうなのでしょうね。

愛知　ええ。ただ，これもレジュメの70頁（※本誌82頁注59）に書いておきましたように，私自身は，通則法の22条を適用しますので，日本法の累積適用はあると思います。

駒田　日本法の累積適用はあると。

愛知　基本的には外国法を適用するのですが，通則法22条によって，日本法も累積

適用されることになります。ですので，あまり不都合は生じないのではないかと考えています。駒田先生は，通則法の適用ではないですよね。条理ですか。

　駒田　そうですね。私は，侵害か否かというところは，そもそもその行為は特許権の効力に抵触するか否かという問題と表裏一体と考えていて，そこは通則法に規定される特別留保条項の発動というのは認めないです。

　愛知　認めない。

　駒田　はい。

　愛知　じゃあ，もう純粋に外国法のみが適用されて終わりということでしょうか。

　駒田　そうですね。

　愛知　分かりました。

　駒田　山内先生ですと，これは日本特許権の侵害を認めるという。

　山内　私は，そうです，侵害を認める。言い方を変えると，否定する必要がない。なんで，差止めは当然，認めて。ただ，損害賠償の算定がすごい難しいと思うんです。外国市場で商業的利益を得ているので。ほんとに純粋に外国でしか商業的利益を得てないのであれば，損害はゼロということになりますが，仮に，さっきもちょっと申し上げましたけど，外国子会社からライセンスで吸い上げているとか，配当で吸い上げているっていったら，そこを何とかつかまえて，「それが利益だから，それを吐き出せ」みたいな議論をすると思います。

　駒田　特許法102条3項が定める実施料相当額の損害賠償を認めるというご趣旨？

　山内　あ〜3項。ライセンス。

　駒田　3項のみが適用されるということでしょうか。

　山内　3項のみ。あ〜。

　駒田　ともあれ山内先生のお立場では，被告は実施をしていますね。

　山内　実施はしていますね。そうか。でも。

　駒田　これ，なぜ外国で生じた…何て言ったらいいんだろう。

　山内　外国で商業的利益を得ているっていう。

　駒田　外国市場における逸失利益は，どうして考慮しないのか。どうして損害としてカウントしてはいけないのでしょうか。

　山内　じゃあ，もうちょっと伺うと，被告が外国市場で商業的利益をどういう形で得ているか。というのは，普通は外国で，例えば譲渡をして，販売をしているのであれば，外国法人が販売をしているので，当該外国法人が利益を得ているのであって。その親会社は別法人ですから，親会社自身が外国法人が得ている利益を直接，得ているわけでは

ない。これが外国支店だったら，同一法人なんで，何とか引っかけてこれると思いますけども。

駒田　いえ，特段，そういう支店とか子会社とかを考えなくても，当該外国で被告が活動していて，そこに住んでらっしゃる普通の人に「あなたのための眼鏡の処方箋，作ってあげますよ」という。その眼鏡の処方箋を作るシステムというのは全部，内国にあるというケースですかね。これは，オンライン視力検査事件の事案を翻案した形になりますが。

山内　ドイツのあの事例を念頭に置かれているわけですか。

駒田　そうそう，あの事例です。で，「あなたのための眼鏡の処方箋，作ってあげますから」と言って，商業活動をしているのは外国です。当該外国に本拠地を有する会社がやっているのですが，日本でそのシステムとか方法がほとんど実現されていると。あるいは全部実現されているというようなケース。その場合，国際裁判管轄をどうやって肯定するかという問題もあるかと思うのですが，肯定されたとして。

山内　日本の眼鏡処方箋を作っている会社が，全世界に向けて商売として。

駒田　全世界じゃなくてもいいのですけど。

山内　例えば中国に向けて商売をしている。

駒田　そうですね。極論すると，このようなビジネスは，多分，被告が当該外国を本拠地としていなくてもやれると思うのです。ともあれ，中国のお客さん向けにやって。

山内　それで，その場合は，中国人が日本の事業者が開設した Web サイトにログインしてきてデータを打ち込むと，処方箋がオンラインでピョンと飛ぶと。

駒田　そうです。

山内　代金は直接こっちに入るっていう場合には，カード決済されてっていう場合には，それは商業的利益を得ているので。日本で，国内で全部，実施がされているので，そういう意味では全て，そういう世界。侵害も肯定，損害も肯定。

駒田　山内先生は，その場合，被告は日本で商業的利益を得ているというふうに考える。

山内　はい。

駒田　お客さんは外国にいても。

山内　そこが私と違うんです。

駒田　そうか，すいません。いや，私は，その場合，素直に外国で商業的利益を得ているというふうに考えちゃうんですけどね，先生はなんというか，決済地を重視されるんですかね。

130

山内　いや，単純に日本で，お金チャリンチャリンって入ってくるから。

駒田　なるほど，分かりました。他に先生方，何かコメントとかご質問とかあれば受け付けますが。ないようでしたら，ここでフロアからの質問を受け付けたいと思うのですが。

横溝　私のところには誰も来ていないのでしょうか。

駒田　ええ。じゃあ愛知先生，お願いします。

愛知　山内先生と私にご質問をいただいております。私への質問につきまして，読み上げさせていただきます。私のレジュメの 61 頁（※本誌 74 頁），ドワンゴ大合議判決が挙げた①から④の判断要素をご覧になりながら，ご質問をお聞きいただければと思います。

「ドワンゴⅡの総合考慮①から④の軽重について教えてください」。もう私自身が教えていただきたいところですが（笑）。「①から④の軽重について，先生の判決の結論は妥当とのご意見から察するに，今回の事件のようなクライアントサーバーモデルではなく，SaaS」。「Software as a Service」でしたか。つまり，先ほど申し上げたように，ダウンロードしてくるのではなくて，サーバに置いたままソフトウエアを利用するというもので，インストール不要で，サービスだけを受けるという，そのようなケースかと思いますが，「そういった場合でも，同一の結論になるべきとお考えかと思います」。私自身の立場は，仰るとおり，結論は変わりません。「ここでは裁判所が採るであろう考え方について教えてください。SaaS の場合，②は国外で，③は国内になると思います。今回の総合考慮論で予想される結論を教えてください。先生が④ 1 本で判断されるべきであるとのお考えであることは承知しています」ということです。

このように，ケース毎になかなか難しい判断を迫られるというのが総合考慮論の問題点ではないかと思います。こういう形で②と③と，あるいは④で，判断が分かれる時に，どの要素を重視するのかという点がなかなか難しいです。一つの非常にひねくれた見方をしますと，結論として，本件事案を前提に全て，問題なく「日本である」と考えられる事情だけを挙げたのではないかなという気もしなくはありません。ドワンゴのⅠ（大合議判決）とⅡの知財高裁判決で考慮要素が違うというのは，先ほど山内先生からもご指摘ありましたけれども，そのうち制御地という要素を今回，ドワンゴ大合議は採らなかったわけです。レジュメの 64 頁（※本誌 81 頁注 53）に少し書いておきましたが，大合議判決は，管理／制御主体は外国に所在するサービス提供者であると考えたので，もしかしたら，それを考慮要素に挙げられなかったという可能性もなくはないのかなと勝手に考えております。管理／制御地が国外となってしまいますので。いずれにしまし

ても，今回のケースは，いずれの要素も日本国内ということで問題のなかったイージーケースでした。ですので，判断が分かれた場合，どの要素が重視されるのかという点は，判旨からは全く導くことができません。

　ですでの，SaaS について知財高裁がどのように考えるのかというのは，ちょっと予測はできません。直感的には，ダウンロードしてきていない，つまりクライアントのパソコン上で表示はされるのだけれども，プログラム等は全て外国のサーバに置かれていて，それを単に利用しているだけというのは，もしかしたら，もう日本にあるクライアントPC では，まさに②の要素，発明の主たる部分というのは日本には存在しないという理由で日本特許権の侵害を否定するという，クライアントサーバーモデルと違う結論を採るという可能性もあるかもしれません。個人的には結論を違えるということに対しては，繰り返し申し上げますように問題だと思います。ただ，実際にどのような判断が下されるのかというのは私も大変，興味あるところでして，今後そういう事件があれば，大変ありがたいなと思います。ちょっとお答えになってないというか，私がお答えすべき問題かどうかも分かりませんが，一応，私自身はそのように考えているというところです。ご質問いただきまして，ありがとうございました。

　山内　私へのご質問は，私のレジュメで言うと 6 頁（※本誌 93 頁）の，日本国外からのダウンロードによるプログラムの提供という点についてのご質問と理解しました。「ドワンゴその 1 に関して，プログラムの提供について教えてください。平成 14 年特許法改正で 2 条が改正されたと。それに先行する実務運用で，媒体クレームがまず先行して認められるようになり，次いでプログラムクレームが認められるようになった流れを受けてのものと理解しています」。その 2 条改正がですね。「今回，立法趣旨を確認しましたが，先生のレジュメ 6 頁のご説明どおりで，対象物の提供しか想定されていなかったと。ドワンゴ判決の前に同様なプログラム提供の解釈をした裁判例があるのでしょうか」というのがご質問ですが……。

　ごめんなさい，同様なプログラムの提供の解釈をした裁判例があるかどうかは，承知はしてないのですが。これは，ひょっとするとご趣旨としては，今，輸入とか貸し渡しとか提供というのは媒体が絡む場合であって，ダウンロード型は入んないんじゃないかっていうご指摘ですかね。

　もともと入ってなかった？　じゃあどっちかっていえば，B の話になるんですかね。類型としては，ダウンロードそのものじゃなくて，ASP で一部モジュールが飛んできているっていう，そういう場合ですかね。そうすると，そうなるんでしょうね。すいません，「貴重なご指摘，ありがとうございます」としか申し上げられないですが，勉強

になりました。ありがとうございます。

　愛知　先ほどの私へのご質問に対する回答の中で今回のドワンゴ大合議が，管理／制御主体を，ユーザではなくて，外国に所在するサービス提供者だと理解しているのではないかと申し上げましたが，その点に関して，あくまでシステムの生産主体に関する判示部分ですが，その判決文を引用しておきます。少し読み上げさせていただきますと，「被告システム1……は，……被控訴人 FC2 のウェブサーバが，所望の動画を表示させるための被告サービス1のウェブページの HTML ファイル及び SWF ファイルをユーザ端末に送信し，ユーザ端末がこれらを受信し，ユーザ端末のブラウザのキャッシュに保存された上記 SWF ファイルによる命令に従ったブラウザからのリクエストに応じて，被控訴人 FC2 の動画配信用サーバが動画ファイルを，被控訴人 FC2 のコメント配信用サーバがコメントファイルを，それぞれユーザ端末に送信し，ユーザ端末がこれらを受信することによって，新たに作り出されたものである。そして，被控訴人 FC2 が，上記ウェブサーバ，動画配信用サーバ及びコメント配信用サーバを設置及び管理しており，これらのサーバが，HTML5 ファイル及び SWF ファイル，動画ファイル並びにコメントファイルをユーザ端末に送信し，ユーザ端末による各ファイルの受信は，ユーザによる別途の操作を介することなく，被控訴人 FC2 がサーバにアップロードしたプログラムの記述に従い，自動的に行われるものであることからすれば，被告システム1を『生産』した主体は，被控訴人 FC2 であるというべきである。」このように述べております。管理／制御主体というものも，もしかしたら，Y1 だと考えている節はあると思います。少し補足させていただきました。

　駒田　お手元に，まだ質問はありますか。大丈夫ですか。私には，オンラインで幾つか質問が来ております。

　はい。じゃあ，檀弁護士からの質問にお答えしたいと思います。「自国特許法の域外適用の基準は，外国特許権侵害を理由に日本で事業を行っている事業者が訴えられた事案でも適用されるのでしょうか。適用されないとすると，ダブルスタンダードですし，適用されると，日本の事業者は世界中の特許を確認しなければならず，大変だと思うのですけれども」というご質問がありまして。いわゆる双方主義の連結の下では，内外特許法の中からどこかの国のそれが選択されますから，その選択された特許法だけをみておけばよい。したがいまして，これは，一方主義と横溝先生がおっしゃっておられましたけれども，そういう連結を前提に質問をされているのかな，と思います。

　一方主義の考え方では，当該国の特許法の域外適用の基準は当該国が定めるということですので，自国の特許法の域外適用の基準は，外国特許権については適用されない。

当該外国の特許法はどう考えているのかということになろうかと思います。双方主義，よくサヴィニー型といわれる国際私法の考え方に乗っかれば，法廷地国際私法において措定される連結点によって，どこかの国の特許法に連結していきます。私の考え方では最終需要地法を適用するということですので，それは自国の特許法も外国の特許法も共通の連結基準によっているということです。次に②で，「上記の基準で特許権侵害となった場合，特許法 196 条の罪が成立するのでしょうか」ということなのですけども，「成立しないと，民事と刑事で異なる特許権を認めることになって，成立するとすれば，構成要件が不明確になり過ぎると思われる」。一方主義を前提に考えた場合，内国における行為を侵害と構成する形で外国特許法を適用することは，カードリーダー事件最高裁判決の下では，公序によって排斥されておりますので，日本の事業者の方は，その分においては，安心して事業を行えるのではないかなと，そういうふうに思います。カードリーダー事件最高裁判決が扱っていないのは，ともに外国である A 国の特許法が B 国で行為している者に対しても，積極的誘導侵害ということで，適用されていくかどうかというところです。両国とも外国だとすると，日本の公序は関係ないので，その場合には，A 国特許法の適用を認めることになるのではないかと思います。

　それで，外国の刑法の場合は，日本の裁判所は適用できないということになるかと思います。「損害ですが，需要地で区別する立場からすると，損害は日本における売上に限定されるのでしょうか」。これはどういうふうに考えたらいいのか，大抵の場合，そうなると思うのですけれども。しかし，カードリーダー事件最高裁判決も，属地主義が妥当するのは特許権の効力である，その特許権の効力には損害賠償請求権は含まれないと言っておりますので，アプリオリに，特許権の効力範囲内でしか，損害は発生しないということにはならないようでありまして。それで，需要地で区別する立場というのは，私が提案している連結原則を念頭に置かれているのかもしれないですけれども，その場合であれば，特にそう言えるのではないかなというふうに思います。

　ほかにも，オンラインで色々質問をいただいているのですけれども，ちょっとここからは見にくいので……吉田先生のご質問が，一番見やすいのですが。「外国の譲渡実施を理由とする内国特許権の侵害を認めるというのは，カードリーダー事件判決を無視すれば，十分あり得るけど，カードリーダー事件では，属地主義や各国の特許権はその国の領域内においてのみ効力を有するとされている。従って，今，裁判所で判断されれば，外国の譲渡実施を理由とする内国特許権の侵害を認めることはできないのでは」。この点に関しては，属地主義はあくまで原則ですので，例外は一切駄目というふうに決めつけなくてもいいのではないかと，私は思っているのです。

　それで，最高裁がカードリーダー事件ですごくナーバスになったのは，日本で行為している者に対して，アメリカ特許権の侵害を理由とする差止請求がされた，という事案においてでした。ですので，内国特許権の侵害に関しては，全く行為が日本の領域に引っかかっていないという場合でもなければ，裁判所がこれを認めてくれる可能性はあるのではないか，と思っているのです。現にFC2の事件でも，両知財高裁判決は日本の特許権侵害を認めておりますので，製品の譲渡実施であっても，当該実施を構成する事実が外国と日本の両方にまたがっていると考えられるならば，今の裁判所実務の下でも認めてもらえる可能性はあるかな，というふうに思います。私自身はもっと過激な立場をとっていて，最終需要地が日本であれば，譲渡の場所はどうでもいいとすら考えておりますが。そのような立場は，カードリーダー事件最高裁判決と両立するかと言われると，ちょっと分からないところなのですけれども，両立するように判決を読むことも不可能ではないのかな，と思っております。

　これで一応，いただいたご質問にお答えしたことになりますが，さらにフロアから何かご質問があれば受け付けたいと思います。いかがでしょうか。懇親会にも一応，私，責任をとって参りたいと思いますので，そちらで色々といじめてくださっても結構でございます。

　では本日のシンポジウムは，これで終了としたいと思います。協力してくださったパネリストの先生方に，ぜひ拍手をお願いいたします。

Ⅳ 論 説

プログラムの保護について

中 山 信 弘

Ⅰ はじめに

現在，デジタル技術の急発展で人類は未だかつてないほどの急速な変化に晒されている。人類史上，最も急速な変化といわれている産業革命は，18 世紀のイギリスで 1760 年代から 1830 年代にかけての約 70 年もの長い間の変革で，親子孫の 3 代にも渡る長期間の変革である。それに対して今進行中のデジタル革命はそれよりも各段に短期間における社会の大変革であって，我々の周りの風景も，あれよあれよという間に凄まじい変化を遂げている。特にネットの発展は激しく，従来では考えられないようなビジネスが出現しており，我々の生活は 30 年前と比べれば様変わりである。その例は枚挙に遑ないが，例えば何か調べるにはまず Google 等の検索エンジンを使うようになり，その影響で古代エジプト以来といわれる百科全書の多くは瞬く間に駆逐されてしまった。地図や手紙の多くも同じ運命を辿っている。私の若い頃は，学者も原稿用紙に手書きで書いていたものが，殆どパソコンでの執筆に置き換わっている。スマートフォンが万人の生活の一部となっており，また従来は在宅での仕事などは考えられなかった。戦争ですらデジタル技術を用いた情報戦の様相を呈している。その上，ごく近年では生成 AI なるものが出現するに至り，人類は再び大きな変革に迫られている。

特許法や著作権法は技術の産物であるという側面を有しており，このデジタルによる変化を大きく受ける宿命にあると言えよう。特許法も著作権法も，基本的にはコンピュータがない時代に制度設計されたものである。勿論何回かの

改正を経て，両法ともリニューアルされ近代的な装いをしてはいるものの，基本的構造は 19 世紀的な技術に即応したものであり，最早リニューアルではなく建て替えも必要なのかもしれない。しかし条約の縛りや政治的な問題もあり，完全な建て替えは極めて困難であり，当分は現行法の化粧直しで乗り切るしかないであろう。

　この大変革を支えているデジタル機器を動かしているのがプログラムである。プログラムはデジタルで記述されているために侵害に極めて弱く，これをいかに保護するのかという大問題が，昭和時代の末期に大きくクローズアップされてきた。そこで特許法と著作権法について，私の経験した範囲で回顧してみよう。

Ⅱ　特許法による保護

1　プログラム保護の歴史

　コンピュータ本体は機械に過ぎず，それを動かしているのがプログラムである。当初のプログラムは機械と一体となっており，機械とは不即不離の関係にあった。その時代においては，プログラムは独立した財として取引されていなかったため，プログラムは機械の所有権で事実上保護されていた。しかし次第に機械とプログラムは分離され（アンバンドリング，unbundling），同じコンピュータであってもプログラムを交換するだけで種々の働きをすることができるようになった。そうなるとプログラムはコンピュータから独立した経済財として存在するようになったため，何らかの法的保護が必要となった。

　ソフトウェアとは，プログラムを作成し実行させるためのシステムであり煎じ詰めればコンピュータの使用方法（手順）である。その中心はプログラムであるが，プログラムだけではなく，システム設計書，フローチャート，マニュアル等も広義のソフトウェアに含まれるが，ここではプログラムを中心に扱うこととする。

　通商産業省（今の経済産業省）では，昭和 46 年頃からソフトウェアの保護についての検討がなされ，新規立法の提唱がなされた。しかし新規立法はなされ

なかったので，特許法による保護の可能性が追究されてきた。特許の対象である発明は，自然法則を利用した技術的思想でなければならない（特許法2条1項）。プログラムとは，電子計算機に対する指令であって，一の結果を得ることができるように組み合わされたものであるが（特許法2条4項括弧書），まずはそのようなものが自然法則を利用しているのかという点が問題となった。プログラムそれ自体は計算式と類似のものであり，人の精神的な過程（メンタル・プロセス）の表現にすぎず，従来は，プログラムそのものは自然法則を利用していないとして特許能力はないとされてきた。しかしながらソフトウェアの開発には多額の費用が必要となり，コンピュータ関連の投資の大半はプログラムに向けられるようになった。またプログラムはデジタルであるので模倣も容易であるために，プログラムを含むソフトウェア関連の発明に特許能力を認めないということは産業の発展のためには却って障害となり，現実的ではなくなってきた。

　そこで，以下のような特許庁における運用の変遷をたどり，次第に自然法則という概念を緩く解釈してソフトウェア関連の発明の特許能力を広く認めるようになってきた。具体的にはプログラムを利用した物や方法として特許能力を認めることから始まり，最終的にはプログラムそのものであっても特許能力を否定されることはない，という結論にたどり着いた。しかしプログラム自体は自然法則を利用していないという軛からはなかなか抜け出すことができず，その変遷は苦悩の歴史であったと言えよう。

　昭和50年12月の「コンピュータ・プログラムに関する発明についての審査基準（その1）」では，特定の結果を得るために利用されている法則性を有するもの（手法の因果関係）が，自然法則を利用していないものは発明ではないとされるのに対して[1]，手法の因果関係が自然法則を利用しているものは発明とされた[2]。他方，手法の因果関係が自然法則以外の法則や取り決めなどに基づいているプログラムにおける技術的思想は自然法則を利用していない，とされている。そしてそのクレームの記載が，プログラムそのもの，計算機の「動作」そのもの，プログラムされた計算機そのもの，プログラムを記録した記録

媒体は特許能力が認められないとされていた。この審査基準は方法の発明について述べられたものであり，装置発明については次に述べる昭和57年の運用指針で明らかにされた。

　多くの機器が内蔵されているマイクロ・コンピュータ（マイコン）で制御されるようになり，昭和57年12月「マイクロ・コンピュータ応用技術に関する発明についての運用指針，OS関連技術の審査上の取扱」でマイコンを利用した装置の特許能力につき運用指針が示された。これによればマイクロ・コンピュータ応用技術に関する「物（装置）」の発明は特許され得ることを明示し，ソフトウェア発明の装置としての保護適格が認められるようになった。これについては機器とプログラムが一体になっているので，比較的容易に特許能力を認めることができた。

　次いで平成5年7月の「特許・実用新案審査基準」「第Ⅶ部第1章　コンピュータ・ソフトウェア関連発明」では，自然法則の利用性の基準を明確にし，ソフトウェアによる情報処理に自然法則が利用されているとき，つまりハードウェア資源に対する制御又は制御に伴う処理を行うものや対象の物理的性質又は技術的性質に基づいて情報処理を行うもの，またはハードウェア資源が利用されているものは特許能力があるとされた。

　平成9年12月「特定技術分野の審査の運用指針　第1章　コンピュータ・ソフトウェア関連発明」「1. 明細書の記載要件　1.1 特許請求の範囲」には，方法のカテゴリーと物のカテゴリーと並んで，「プログラムを記録したコンピュータ読み取り可能な記録媒体又は構造を有するデータを記録したコンピュータ読み取り可能な記録媒体」について述べられている。これは装置と一体でなくても，記録媒体に蔵置されたプログラムを，ハードウェアを制御する発明とし特許能力を認めたものである。従来，媒体クレームの形で出願されたものについては技術的思想ではないという理由で拒絶していたが，これにより媒体クレームが認められるようになった[3]。同時にデータ構造を記録した記録媒体にも特許能力が認められた。

　平成12年12月に「特許・実用新案審査基準」を改訂し，「第Ⅶ部　特定技

術分野の審査基準　第1章　コンピュータ・ソフトウェア関連発明」が新設さ
れ，ソフトウェア関連発明は，その発明が果たす複数の機能によって表現でき
るときに，それらの機能により特定された「物の発明」として記載することが
できるとされた[4]。これは平成9年の媒体特許を更に進めたものであり，媒体
を離れたプログラムそれ自体が物の発明とされた。つまりプログラムがハード
ウェアに実装されることにより，両者の協働により一定の効果をもつ装置が実
現できるので，審査基準でプログラム自体を特許能力ある物とみなすことにし
たものである。

　コンピュータの発展に伴い，プログラムを保護しないことの弊害は大きく，
以上のような経緯を辿り，最終的にはプログラム自体も特許され得るようにな
った。その歴史は，コンピュータの発展を考えると必然であったように思える
が，それは「自然法則の利用」という要件を緩和し，弾力的な解釈を進めた歴
史でもある。その意味で特許庁の方針は基本的には正しかったと評価できよう。

　ただ平成9年にプログラムの記録媒体が，平成12年にはプログラム自体に
も特許能力が認められるようになったが，特許能力は特許法の根幹に関わる基
本的な問題であるので，特許法改正ではなく，単なる審査基準や運用指針の変
更で，従来不特許とされていたものにつき，新たに特許能力を認めることがで
きるのか，という法的問題は残った。場合によっては国家賠償責任を追及され
てもおかしくないと思われたが，幸いにもこれに関する訴訟は起きなかった。
もし訴えられていたら大きな混乱となっていたかもしれない。

　そして遂に平成14年4月の特許法改正により，発明の実施に関してプログ
ラム等は物に含まれるとされ（特許法2条3項1号），そしてプログラムとは
「電子計算機に対する指令であつて，一の結果を得ることができるように組み
合わされたもの」であり，プログラム等とは「電子計算機による処理の用に供
する情報であつてプログラムに準ずるもの」と定義され（特許法2条4項），
「構造を有するデータ」もプログラムと同じ扱いとなった。これにより発明の
実施に関しては「物」に「プログラム等」が含まれることが明文で規定された
ので，プログラム自体に特許能力を認めた平成12年の「特許・実用新案審査

基準」改訂は追認されることになった。プログラムの実体は無体物であるために，下記に述べるように，有体物とは異なりその譲渡概念が明確ではなく，改正前は，プログラムの電気通信回線を通じた提供行為の法的位置づけは曖昧であり，提供行為を譲渡として実施概念に含めることができるのか，明らかではなかった。そこで平成14年改正でプログラムは物として扱われることになり（2条3項1号括弧書），譲渡等につき物と同様に扱われることが明らかになった。それに伴って「プログラム等」の審査にあたっての「特許・実用新案審査基準」「第Ⅶ部第1章　コンピュータ・ソフトウェア関連発明」も改正された。

　プログラムの媒体は物であるのでその譲渡はあり得るが，媒体から離れた無体の情報であるプログラムそれ自体には，物の譲渡と同じ意味での譲渡ということは観念しにくい。物であれば引き渡しによって占有は移転し，引き渡しが対抗要件となることに問題は少ないが（民法78条，例外として船舶・自動車等がある），情報の一種であるプログラムの場合は様相が異なる。情報の場合は，情報を提供しても譲渡人にその情報が残っていることもあり得るし，譲渡したとしても譲渡人の頭の中には情報が残っていることもあり得るが，それを消すことができない。しかしながらプログラムの提供行為を実施行為に含めないと提供行為を押さえることができないこととなり不都合であるので，平成14年改正で便宜上プログラムを物とすることにより提供行為は譲渡として解決が図られた。

　「プログラムの譲渡」という言葉は世上で用いられているが，情報の譲渡の法的性質は物とは異なり，譲渡人がプログラムを譲受人に提供し，譲渡人はそれ以降当該プログラムの使用・開示をしない，譲受人の自由な利用・収益・処分に異議を申し立てない，という契約といえる。プログラムはこのような性質をもっているが，平成14年改正でプログラムは物とみなされ，侵害に関しては一応の解決を見たが，物と情報とは本質において異なるので，実施に関してはプログラムを物に含めるという立法だけでは，例えば対抗の問題のように，解決の着かない問題が残る。動産であれば引き渡しが対抗要件となっており，物が譲渡されれば原則として物の占有が移転しているので，占有という外観か

ら引き渡しを対抗要件とすることに問題は少ない。それに対し，プログラムの譲渡人が二重譲渡をした場合の対抗はどうなるのであろうか。プログラムは物である以上，民法178条により引き渡し（提供）をもって対抗要件と解する説もあるかもしれないが，プログラムの実体は無体の情報であり，物と同じ意味における占有は観念しにくいので，第三者としては外観から誰が真の権利者であるのか，という判断がしにくい。プログラムを譲渡する際には譲渡人の保有するプログラムを消去するという特約を付ける場合が多いと思えるが，それでもその契約に反しプログラムの消去をしないで第三者に再譲渡することもあり得る。便宜上，プログラムを物とみなす規定を設けたが，それで全ての問題が解決するものではない。

2　ビジネス方法特許

　上述のような経過をたどって特許法でのプログラムの保護が図られるようになったが，それにつれビジネス方法の特許が問題となってきた。1998年のアメリカCAFC（連邦巡回区控訴裁判所，Court of Appeals for the Federal Circuit）のステート・ストリート・バンク判決（ハブ・アンド・スポークと呼ばれる金融業務に関するビジネス・メソッド特許の有効性を認めた判決）を期に，わが国でもビジネス方法の特許出願が急増し，従来特許制度とは縁が薄いと考えられていた銀行・証券業界等からのビジネス方法に関する多数の出願がなされるようになった。

　しかしプログラムであれば直ちに発明であるということを意味するものではないのと同様に，発明の定義（2条1項）自体は改正されていないので，ビジネス方法それ自体が特許となり得るのではなく，ソフトウェア関連発明の一種として取り扱われ，ビジネス方法の発明のうち自然法則を利用した技術的思想といえるものについてのみ特許能力を持つということになる。例えば新規なビジネス方法に，単にコンピュータが一般的に有する機能を利用しただけでは，全体として自然法則を利用した技術思想の創作ではない。それは全体としてみれば，ビジネス方法それ自体の域をでるものではなく，その実体は自然法則を

利用した技術思想ではない。そのようなものに特許能力を認めると，ビジネス方法それ自体という自然法則を利用していないものを特許法で保護することと同じことになり[5]，また後発ビジネスの発展の妨げとなる恐れがあるので，法政策的にも好ましくない。

　逆に言えば，ビジネス方法それ自体は自然法則を用いていないために特許能力はないが，そのプログラムをコンピュータに実装するに際し，技術的課題を解決する自然法則を利用した技術を用いていれば特許能力が認められる。クレームの中に非発明的部分が含まれていても，課題や効果等に照らし，全体的に観察して自然法則を利用した発明であれば特許能力が認められる[6]。ただビジネス方法に特許能力があるのか，それを実装する際の技術に特許能力があるのか，という判断には困難な場合も多いが，その際にも，あくまでもビジネス方法に進歩性があるか否かではなく，技術的な側面に進歩性があるか否かで判断すべきである。

　ビジネス方法発明につき特許能力を認めるべきか否かの判断には微妙な問題が付きまとう。その問題につき，プログラムの問題ではないが，近年知財高裁で注目すべき判決[7]（いきなりステーキ事件）が下された。この発明は，「札」，「計量器」，「シール」の3つの物品で構成されている「ステーキの提供システム」であるが，他の客の肉との混同を防止するという課題を解決するための技術的手段であるので，全体として「自然法則を利用した技術的思想の創作」に該当するとされた。ただ客の肉の混同を防止するというビジネス方法を，レストランで通常行われているような手順に通常用いられる一定の機器（札，計量機，シール）を加えて実現しただけであり，限りなくビジネス方法それ自体に近く，自然法則を利用した発明であるとした判断には疑問があるように思える。

　近年まではビジネス方法に関する出願の多くは拒絶され，また特許が成立しても侵害訴訟において勝訴まで至るものは少なく，ビジネス方法特許のブームは去った観もあった。しかしビッグデータをAIで解析・学習し，それを利用したビジネスが盛んになるにつれ，それに関するビジネス方法特許が増加しつつあり，かつ侵害事件も増加しており，今後ますます重要になることが予想さ

れる。AI に関しては著作権上の問題が喧伝されているが，特許法の分野においても大きな問題となろう。今後は特に生成 AI については未知の問題が多数出てくるであろう。特に生成 AI を用いて発明がなされたような場合に，その発明に特許能力を認めてもよいのであろうか。特許法は人が発明行為をなす，ということを前提に制度設計されており，例えば特許明細書の発明者の欄には誰の氏名を記載するのであろうか。現行法では解決できない多くの問題が出てくると予想される。

Ⅲ　著　作　権　法

1　IBM 事件の衝撃

　従来の著作権法は，主として小説・絵画・音楽等の牧歌的な創作物を保護の対象として扱っていたが，次第にすそ野を広げ，今日ではプログラムのような機能だけの創作物にまで対象を広げている。言うまでもなく従来から地図・海図・設計図のような機能的なものも著作物とされてはいたが，それらは機能的なものではあるが飽くまでも人に読ませること，つまり人が享受することを目的としている。それに対して，プログラムは機械に対する指令であり，人がそれを理解して享受することを目的としているものではないので，地図等の著作物とは性格が根本的に異なっている。プログラム，特にオブジェクト・プログラムは通常人には理解できず，専らコンピュータに対する指令であり，いわば機械のパーツのような性格を有している。ただプログラムは一応特殊な言語で書かれているために，外見上言語著作物のように見えているにすぎない。

　前述の通り，元来プログラムはコンピュータという機械の一部という評価であったが，次第にコンピュータとプログラムは分離され，プログラムが独立した財として認識されるようになり，それに伴い侵害に晒されるようになった。そこで何らかの法的保護が求められるようになり，プログラムをいかなる方法で保護すべきか，という論争が巻き起こった。具体的には著作権法で保護するのか，あるいは特許法またはそれに類似した特別法で保護するのか，という論争である。特許法による保護については前述の通りであるが，著作権法による

保護については，ゲームのプログラムを巡って著作権法で保護するという下級審が現れた[8]。

　そのような状況の下で，突然アメリカの IBM 社が，富士通と日立を著作権侵害等で訴えたという未曽有の大事件が出来した。1982 年 6 月 22 日にアメリカで，囮捜査により日立と三菱電機のエリート社員が逮捕され，手錠を掛けられて連行されるというショッキングな報道が日本のマスコミで流され，社会に大きな衝撃を与えた。逮捕理由は産業スパイであり，その後 1983 年 2 月に司法取引により終了したが，著作権侵害事件はその後も継続した。日本でも損害賠償不存在確認訴訟が提起され，日米両国での訴訟となった。最終的には仲裁で決着を見たが，その仲裁内容は秘密となっている。この事件を機に著作権が俄然注目され，特に著作権の経済財としての重要性が強く認識されるに至った。

　当時通商産業省は，コンピュータをわが国の基礎産業と位置付け，メーカの集約をして梃入れを図っていた。当時の世界の大型コンピュータ（メインフレーム）に関しては IBM が圧倒的な覇権を握っており，新規参入するのは容易なことではなかった。具体的には，IBM コンピュータの顧客が有する膨大なアプリケーションソフトという資産は他社のコンピュータでは使えず，コンピュータを他社のコンピュータに交換するということは，今まで有していた IBM 用のアプリケーションソフトを捨て，膨大な投資をして新しいコンピュータに適合したアプリケーションソフトを作らなければならないことを意味し，IBM のユーザは事実上 IBM のコンピュータにロックインされていた。

　そこで富士通や日立は，IBM 用のアプリケーションソフトを自社のコンピュータでも使えるというコンパチブル・マシン（互換機）を作るという戦略を採用した。自社のコンピュータで IBM ユーザのアプリケーションソフトが動くようにする必要があり，そのためには IBM の OS のインターフェースと自社のインターフェースとを合わせる必要がある。そのためには IBM のコンピュータのインターフェース・プログラムを入手する必要があり，特に IBM が新しいコンピュータを発売するとそのインターフェースの獲得に全力をあげざるを得なかった。その入手方法が産業スパイとされたが，同時に IBM は，富

士通や日立が用いているプログラムに著作権侵害があると主張し，著作権が一躍注目を浴びることになった。

　アメリカ著作権法にプログラムの規定が入ったのは1981年のことであり，わが国企業が互換性コンピュータの製作を始めた頃には，アメリカでも著作権法にプログラムの規定はなく，アメリカ法においても著作権侵害であるのか否か，判然としない時代であったが，IBMは一貫して著作権侵害を主張していた。また日本の著作権法にプログラムの規定が入ったのは1986（昭和60）年である。著作権法にプログラムを保護する直接の規定がなければ直ちに著作物性が否定されるというものではなく，前述の通り，ゲームのプログラムには著作物性を認めた判例もあるが，プログラムの著作物性は，学説上は大いに争われていた頃であった。

　またこの事件は著作権問題だけで済むものではなく，競争政策上も極めて重要な意味を持つ。つまり世界で覇権を握っているIBMの独占に風穴を開けるには互換機ビジネスを認めるしかないと思われるので，著作権法上，インターフェース・プログラムに強い力を持たせることは競争政策上も問題であり，インターフェースの開放あるいはインターフェースには著作権を認めないとすることが必要ではなかろうかと，私は考えていた。著作権法の解釈は著作権法だけに閉じこもってなされるべきではなく，独禁法や憲法の理念にも目配りをすべきである。著作権と表現の自由の問題に関しては憲法論を避けては通れないし，競争政策については，著作権が重要な経済財となっている以上，著作物性や関係の及ぶ範囲についても独禁法の理念も加味して解釈あるいは立法すべきであろう。その意味からインターフェースに関するプログラムについては著作物性を認めない，あるいは制限的な解釈が必要となり，昭和60年改正著作権法10条3項改正で，プログラム言語，規約，解法には著作権による保護は及ばないとされたのもその現れであろう。

　しかし時代が下るにつれ，中央に大きなメインフレームを置く中央処理システムは急速に減り（スーパーコンピュータとしては現在でも意味がある），パソコン等を利用した分散処理が主流となって，メインフレームを巡る争いは歴史上の

147

事件となった。それにつれ IBM 一強の時代は去り，IBM はパソコン部門を中国企業に売却してしまい，ハードメーカーからソフト会社へと急速な業態の変化を遂げた。その後はマイクロソフトが強大な力を持つようになり，やがてGAFA（Google, Apple, Facebook, Amazon の 4 社の頭文字をとって作られた言葉であるが，現在では会社名の変更をした企業もある）と呼ばれるネット企業が強くなるという歴史を辿っていることは周知の通りである。いかに覇権を握った企業でも，永遠に続くものではないということを知らされた。

　この IBM 事件の衝撃は大きく，この事件を機に，上述のようにわが国でもプログラムをいかにして保護すべきか，という議論が巻き起こった。主たる論点は，プログラムを著作権法で保護するのか，あるいは特許法またはそれに類似した特別法で保護するのか，という問題であった。文化庁は著作権法による保護を，通産省は特許法的保護を主張し，激しい論争となった。紙幅の都合で詳述は避けるが，最終的にはアメリカによる強い圧力により，結局昭和 60 年著作権法改正でプログラムは著作物であるとされた（著作権法 10 条，2 条 1 項 10 の 2 号）。

　この IBM 事件が与えたプラスの側面として，この事件を境に，知的財産法が急に世間の注目を浴びるようになった。その影響で法律家の間でも，知的財産を専門としたい弁護士や裁判官が急増し，それにより実務家のレベルも各段に高くなり，実務家の書く書物や論文は質量ともに高まった。最高裁判事にも知的財産法に詳しい弁護士が任命されるようになってきた。それに伴って学者の数も急に増え，今では，法学部やロースクールのある大学で知的財産法の専担者がいない方が珍しいようになってきた。知的財産法の専門家の数が増えるということはすそ野が広がるということを意味し，すそ野が広がれば自ずと山は高くなる。人材は急な育成はできないが，一度出来上がった人材は急には減らないので，今後当分の間は，知的財産法の分野は潤沢な人材を基礎に栄えるものと思える。私の若い頃とは雲泥の違いである。

　私は，長い保護期間，人格権の存在，権利の成立と移転に関しての明確性，侵害基準等の違いから，プログラム保護の著作権法的アプローチは好ましくな

いと考えていたが，結果的には，プログラムは著作権法改正により，著作物の例示に加えられ（著作権法10条1項9号），同時にプログラムの定義規定が設けられた（著作権法2条1項10の2号）。これにより，プログラムの著作権法上の位置づけは明らかとなり，長い論争に終止符が打たれた。しかし他方で，上述の如く，特許法においてもソフトウェア保護が模索されてきており，現在では著作権法と特許法の双方での保護がなされている。著作権法では具体的表現とそれに類似するものだけが保護を受けるのに対し，特許法ではソフトウェアのアイディアが保護される。そのために，例えばプログラムのデッドコピーのような事件では著作権法が使いやすいであろうし，アイディアレベルでの保護を欲す場合には特許法が使いやすいであろう。

2　生成 AI（Generative Artificial Intelligence）

生成 AI が出現する前から，自動翻訳機が出現し，利用者は単に入力をするだけで容易に翻訳文が得られるようになってきた。例えばドイツ語の全く読めない人が，日本語の小説を入力してドイツ語に翻訳した場合，その翻訳されたドイツ語の小説の翻訳著作権は誰に帰属するのであろうか。翻訳プログラムの作成者は何が翻訳されるのか知らないので著作者になりようがない。また翻訳プログラムの利用者はドイツ語が全くできない上に，単に日本語をインプットするという単純作業をしただけであるので，これまた著作者になりようがない。それでは誰が著作権者になるのか，あるいはこのようにコンピュータが生成したものはそもそも著作物たり得ないのか。仮にこのようなものは著作物でないとすれば，そのアウトプットは誰でもが自由に利用できることになるが，そのような結果は妥当なものであるのか。自動翻訳は生成 AI の問題ではないが，法的には生成 AI の問題と類似している。

以上のように従来から自動翻訳における著作権の問題等は議論されてきたが，2022（令和4）年頃から生成 AI が急速に実用化されるに伴い，今までの著作権法の想定外の異次元の事態が生じつつある。生成 AI の著作権問題は，著作物を学習用データとして収集・複製し，学習用データセットを作成し学習済みモ

149

デルを開発する段階と，それを利用して新たな情報を生成・利用段階とに分けて考えられる。

　生成 AI に関しては，まず著作物を含む諸々の情報を学習用データとして収集・複製（コンピュータに読み込ませること）を必要とするが，学習用データの収集には種々の方法がある。インターネットで全ての情報を収集するような場合には，その数は数十億点以上に上ることもある。それに対して特定の著作者の作品だけを収集する場合もあり，その他にも種々の方法がある。わが国では，平成 30 年著作権法改正により[9]，情報解析（多数の著作物その他の大量の情報から，当該情報を構成する言語，音，影像その他の要素に係る情報を抽出し，比較，分類その他の解析を行うこと）の用に供する場合についての権利制限規定が設けられ，営利目的であっても原則として自由になし得ると規定されている（著作権法 30条の 4 第 2 号）。この規定が存在するために，学習用データの収集・入力の段階では，基本的には著作物の表現を享受する利用ではないと考えられ，原則としてこの段階では著作権者への不利益は生じない。つまり多くの場合は，学習用教材をコンピュータに蓄積する段階の著作権法上の問題は，既に平成 30 年改正でクリアーされていると言える。ただわが国著作権法 30 条の 4 は未だ生成 AI が問題となる以前の立法であり，同条の立法過程で生成 AI が議論されることはなかった。このように包括的にかつ営利での使用も自由であるという法制は生成 AI の発展には好ましいものといえるが，このように情報解析のためであれば営利目的であっても原則自由に利用できるという制度は国際的にも珍しく，今後国際調和という観点から問題となる可能性は否定できない。また自己の著作物をこのように学習用データとして無制限に利用されることについては反対する著作者も多く，わが国においても著作権法 30 条の 4 の改正論も出てくる可能性はある。

　著作権法 30 条の 4 のただし書きで「当該著作物の種類及び用途並びに当該利用の態様に照らし著作権者の利益を不当に害することとなる場合は，この限りでない」と規定されているので，現行法の解釈としては，不都合な場合の多くはこの規定の適用により解決されることになろう。ただし書に該当するか否

かは，主として著作権者の著作物の顕在的市場あるいは潜在的市場と競合するか否かという点から判断されるであろうが，未だ事例はなく，このただし書きの具体的内容は今後の課題である。

　次に学習用データを用いて絵や小説等を作成した場合の著作権法上の問題点につき検討する。現行法の解釈としては，AI を利用して絵や小説等を生成した場合には，そもそもそのようなものが著作物か，という根本問題は残るものの，人が作成した場合と同一の判断になるとすれば，現行法の解釈論としては類似性と依拠性が問題となろう。ただ著作権法が想定していなかった生成 AI に現行法の解釈をそのまま当て嵌めることが妥当か否かという点については議論のあるところであろう。

　類似性に関しては，最高裁の江差追分事件[10]で述べられている通り，既存の著作物の表現上の本質的な特徴を直接感得できるか否か，という判断になろう。勿論類似性の判断は一義的ではなく多大の困難が付きまとうが，それは生成 AI 特有の問題ではなく，著作権侵害一般の問題である。

　マイクロソフト社とレンブラント博物館とデルフト工科大学等が 2013 年に，17 世紀のオランダ画家レンブラントの全 346 作からデータを採取してコンピュータを用いて新たな絵画を作るという「The Next Rembrandt」Project において，「向かって右側を向いた 30 ～ 40 代の白人男性で，襟のある黒い服，帽子という条件」を指示した結果，AI にレンブラント風の新しい絵（以下に掲載）を作り出した。この絵はレンブラント風といえようが，レンブラントはそのような絵を描いてはおらず，従ってレンブラントの具体的な絵の複製や翻案ではない。

出典：ING「The Next Rembrandt」J. WALTER THOMPSON, Amsterdam

　これを著作権法的には如何に評価すべきであろうか。勿論，現在ではレンブラントの絵に著作権はなく，このプロジェクト自体には著作権法上の問題はないが，これが未だ著作権の期間が満了していない画家の絵を学習データとして利用した場合にはどうであろうか。現行著作権法は作風，書風，学風等を保護していない。そこまでも保護してしまうと，表現の自由や知る権利といった現在社会が有している基本的な価値を侵しかねないと考えられている。従って，上掲の絵は，レンブラントの画風を真似てはいるが，具体的に存在するレンブラントの絵の複製や翻案ではないために侵害ではない，として一蹴してよいものであろうか，という疑問は残る。生成 AI を用いれば，誰々風の絵を描け，誰々風の小説を書け，という指示を出して結果を得ることは容易である。これは著作権法の問題だけではなく，例えば某有名俳優の映画を生成 AI で作ることも可能であろうし，大勢のエキストラを用いずに AI で大軍の戦の映画を作ることも可能である。著作権法的には非侵害であるとしても，映画界において大量の失業を招く恐れもあり，これを巡りアメリカでは脚本家や俳優の大ストライキまで発生している。勿論パブリシティーの問題にもなり得る。この新し

い技術の出現で，著作権法上の類似性をどのように考えるべきか，という点を巡り，今後大きな論争となろう。先に述べた通り，結果の類似性の問題だけではなく，そのような情報の入力（複製）についても，今後は問題となるかもしれない。

　依拠性に関しては現行法の解釈としても問題は多い。AI 生成物が，学習に用いられた元の著作物と類似していれば依拠性ありと推定してよいとする考えもあり得るが，現行法の下でそのような解釈が可能であるのか，疑問なしとしない。現実の判例における依拠性の判断は，そのように類似していて依拠がないということは経験則上あり得ないとされた例も多く存在する。確かにリアルの世界においては，特に誤りやトラップ（依拠を証明するために敢えて無意味なものを挿入させておいた罠）が類似していれば依拠の大きな証拠となるであろうし，そうでなくとも依拠無しにこれほどに類似していることはあり得ない，という経験則もあろう。

　しかし生成 AI の場合はそのような経験則は当て嵌まるのであろうか。インターネットでの数十億点もの素材を学習させた場合には，アウトプットが結果的に類似していても，その素材に依拠している場合は例外的であって極めて少ないであろう。それに対して特定の著作者の作品を集中的に学習させた学習用データを用いたような場合には依拠性が認められ易くなるかもしれない。ただその場合であっても，学習用データを作成した者と，それを用いてアウトプットを行った者が別人である場合にはどのような判断をすべきか，現行法の解釈としては難しい問題である。ただ AI 利用者が元の著作物を認識しており，かつ AI を用いて類似したものを生成させたようなレアケースにおいては，依拠性を認めてもよい場合もあるかもしれない。生成 AI においては色々なケースが生じるであろうが，現行法の解釈をそのまま適用できるのか，今後の課題である。

　ここまでは AI を用いて他人の著作物と類似の著作物らしきものを生成した場合に著作権侵害となるのか，という点につき検討してきたが，AI 生成物（AI が生成したコンテンツ）が，そもそも「著作物」に当たるか，という点も大

問題となる。現行著作権法は，明文での規定はないものの，著作物とは人の創作物であることを前提として制度設計されており，生成 AI はコンピュータが作成したものであり著作物ではないという立論も可能かもしれない。しかしそれはそれでまた多くの議論を呼ぶことになり，何らかの立法が必要となるかもしれない。

　AI に与える指示（条件）は，アウトプットされる著作物らしきものと同じとは言えない。これは従来から存在する問題で，コンピュータの助けを借りて生成されたものに著作物性があるのか，という点はかなり古くから議論されてきた。しかし従来はコンピュータ創作物といっても人の手が入っており，そこを捉えて人が創作の中心にあり，コンピュータはそれを援助しているに過ぎないと考えられてきた。しかし生成の中心が人ではなくコンピュータに移るに従って従来の考え方も限界に来ている。機械学習と深層学習の違いはあるかもしれないが，上述の自動翻訳機の深化形が生成 AI とも言えるので，同じような問題が生じ得る。絵心のない人が立派と思える絵が描けるし，文才のない人が立派と思える小説が書けるという状況を，著作権法的にはどのように考えるべきか。この点については種々の学説もあるが，どれも決定打にはなり得ず，今後の議論を待つ以外にない。国際的にも大いに議論されているところであり，最終的には立法を待つことになるかもしれない。

Ⅳ　お わ り に

　プログラムは著作物たり得ることは立法上明らかとなったが，同時に前述のように特許法の要件を満たせば特許法でも保護を受けることが可能となっている。両者は排斥しあうものではなく，プログラムの保護を求める者は，両者を上手に使い分けて保護を図るという傾向が定着したといえよう。現在のところ，プログラムの保護を巡り，著作権法と特許法の棲み分けについては大きな支障は生じていないと言えよう。つまりアイディアレベルでの保護を欲する場合には特許法を利用し，表現レベルでの保護を欲する場合には著作権法を利用することになり，ユーザの選択により，どちらか一方あるいは双方の利用が可能で

ある。

　だが先に述べた通り，AI 特に生成 AI が令和 4 年頃に現れ，その後の急速な発展により，著作権法上も特許法上も予測できない世界が出現する可能性が高い。特許法も著作権法も，『人』が創作行為をなすことが暗黙の前提とされている。それは余りにも当然であり，立法時には人以外に創作的行為のできる存在はなかったために条文上は明記されてはいないが，法はそれを前提に制度設計されている。まだ今日では，鉄腕アトムのように機械自体が自発的な発想をする段階には至っていないが，生成 AI の出現により，一歩それに近づいたと言えよう。

　「新しい酒は新しい革袋に盛れ」との諺のように，時代に合わせた新しい法制度を作ればよい，ということになりそうであるが，どのような新しい革袋を作ればよいのか，我々には未だ新しい法制度の姿は見えていないし，パリ条約やベルヌ条約の軛もあり，新しい革袋の姿は全く見えていない。このような状況の下で，現行法の解釈で新しい世界の規整をしてゆかねばならないが，それもまた険しい作業となるであろう。

1）　審査基準によれば，例えばモンテカルロ法を用いて円周率を求めるプログラムは数学上の原理の利用にすぎず，また詰将棋を解くプログラムは将棋のルールに基づくもので，このような因果関係の利用は自然法則の利用とはいえないと述べられている。

2）　審査基準によれば，例えば圧延機の特性と被圧延材料の性質に着目し，それらを利用して所定の形状に圧延するように圧延機を制御するプログラムは，そのプログラムにおける手順に存在する手法の基礎となっている因果関係のうちには自然法則に基づくものもあるであろうし，そのような因果関係の利用は自然法則の利用といい得るであろう，と述べられている。

3）　運用指針では，この媒体クレームを物のクレームとして位置づけており，クレームの記載例として，「コンピュータに手順 A，手順 B，手順 C……を実行させるためのプログラムを記録したコンピュータ読み取り可能な記録媒体」，「コンピュータを手段 A，手段 B，手段 C，……として機能させるためのプログラムを記録したコンピュータ読み取り可能な記録媒体」，「コンピュータに機能 A，機能 B，機能 C，……を実現させるためのプログラムを記録したコンピュータ読み取り可能な記録媒体」，「A 構造，B 構造，C 構造，……を有するデータが記録されたコンピュータ読み取り可能な記録媒体」等が挙げられている。

4）　審査基準によれば，例えば「コンピュータに手順 A，手順 B，手順 C，……を実行させるための プログラム」，「コンピュータを手段 A，手段 B，手段 C，……として機能させるためのプログラム」，「コンピュータに機能 A，機能 B，機能 C，……を実現させるためのプログラム」，「A 構造，B 構造，C 構造，……を有するデータが記録されたコンピュータ読み取り可能な記録媒体」といったクレームは，従来特許能力は認められなかったが，これ以降は認められるようになった。

5）　知財高判平 26 年 9 月 24 日裁判所ウェブサイト（知識ベースシステム事件）は，審決取消訴訟であるが，「現代社会においては，コンピュータやこれに関連する記録媒体等が広く普及しているが，仮に，これらの抽象的な概念や人為的な取決めについて，単に一般的なコンピュータ等の機能を利用してデータを記録し，表示するなどの内容を付加するだけにすぎない場合も，『自然法則を利用した』技術的思想の創作には該当しない」と述べている。

6）　東京高判平 16 年 12 月 21 日判時 1891 号 139 頁（回路シミュレーション方法事件），知財高判平 20 年 6 月 24 日判時 2026 号 123 頁（双方向歯科治療ネットワーク事件）。

7）　知財高判平 30 年 10 月 17 日裁判所ウェブサイト（いきなりステーキ事件）は特許異議の申立てに基づく取消決定に対する取消訴訟であるが，「A　お客様を立食形式のテーブルに案内するステップと，お客様からステーキの量を伺うステップと，伺ったステーキの量を肉のブロックからカットするステップと，カットした肉を焼くステップと，焼いた肉をお客様のテーブルまで運ぶステップとを含むステーキの提供方法を実施するステーキの提供システムであって，

B　上記お客様を案内したテーブル番号が記載された札と，

C　上記お客様の要望に応じてカットした肉を計量する計量機と，

D　上記お客様の要望に応じてカットした肉を他のお客様のものと区別する印しとを備え，

E　上記計量機が計量した肉の量と上記札に記載されたテーブル番号を記載したシールを出力することと，

F　上記印しが上記計量機が出力した肉の量とテーブル番号が記載されたシールであることを特徴とする，

G　ステーキの提供システム。」（以上請求項 1，他にも取消決定された請求項もあるが省略）という出願につき，判決は「本件特許発明 1 の技術的課題，その課題を解決するための技術的手段の構成及びその構成から導かれる効果等の技術的意義に照らすと，本件特許発明 1 は，札，計量機及びシール（印し）という特定の物品又は機器（本件計量機等）を，他のお客様の肉との混同を防止して本件特許発明 1 の課題を解決するための技術的手段とするものであり，全体として『自然法則を利用した技術的思想の創作』に該当」し，2 条 1 項の発明に該当する，と述べて異議決定を取り消した。

　　それに対し，知財高判平 24 年 12 月 5 日判時 2181 号 127 頁＝判タ 1392 号 267 頁（第一省エネ行動シート事件）では，「人は，自由に行動し，自己決定することができる存在である以上，

人の特定の精神活動，意思決定，行動態様等に有益かつ有用な効果が認められる場合があったとしても，人の特定の精神活動，意思決定や行動態様等自体は，直ちには自然法則の利用とはいえない。したがって，ある課題解決を目的とした技術的思想の創作が，いかに，具体的であり有益かつ有用なものであったとしても，その課題解決に当たって，専ら，人間の精神的活動を介在させた原理や法則，社会科学上の原理や法則，人為的な取り決めや，数学上の公式等を利用したものであり，自然法則を利用した部分が全く含まれない場合には，そのような技術的思想の創作は，同項所定の『発明』には該当しない」とされた。知財高判平 25 年 3 月 6 日判時 2187 号 71 頁（偉人カレンダー事件），知財高判平 28 年 2 月 24 日判タ 1437 号 130 頁（第二省エネ行動シート事件）も同旨。また知財高判令 2 年 6 月 18 日裁判所ウェブサイト（電子記録債権の決済方法事件）では，「『特許を受けようとする発明』に何らかの技術的手段が提示されているとしても，全体として考察した結果，その発明の本質が，単なる精神活動，純然たる学問上の法則，人為的な取決めなど自体に向けられている場合には，上記『発明』に該当するとはいえない」と述べられている。

8) プログラムを著作物と認めたリーディングケースは，東京地判昭 57 年 12 月 6 日判時 1060 号 18 頁（スペース・インベーダー・パートⅡ事件）である。それに次いで，横浜地判昭 58 年 3 月 30 日判時 1081 号 125 頁（スペース・インベーダー事件），大阪地判昭 59 年 1 月 26 日判時 1106 号 134 頁（STRATEGY X 事件）も同様の判決を下している。

9) 平成 21 年の著作権法改正で，電子計算機を用いた情報解析のための著作物の記録又は翻案が認められるようになったが（平成 21 年著作権法 47 条の 7），平成 30 年改正はそれを更に広めた一般的な規定となっている。

10) 最判平 13 年 6 月 28 日判時 1754 号 144 頁（江差追分事件）。

特許権侵害と国際私法の基礎に関する一考察
——保護国法をめぐるウルマーとマルティニーの所説を中心に——

種 村 佑 介

I はじめに

　一連のいわゆるドワンゴ事件[1] を契機として，ネットワーク関連発明[2] に関する特許権侵害と属地主義の原則との関係が議論になっている。これに関連し，筆者はかつて，「領域外行為についての侵害の認定は，（〔筆者注〕特許権侵害の）準拠法の適用段階で生じる実質法の解釈問題である」とする私見を述べたことがある[3]。各国特許法の適用範囲を法廷地の国際私法がどのように扱うかという問題[4] について，わが国では，「適用される実質法上の適用範囲に関する規則は考慮しないとしてきたのが国際私法におけるオーソドックスな立場である[5]」とされる一方，国際的には，「準拠法選択において，実質法上の属地主義を踏まえた選択を行うとともに，選択された法の地理的限界を含めて（権利の属地的性格を踏まえて）適用をする見解も多い[6]」との指摘もみられる。これは国際私法的処理の全般にもかかわる問題であるが，この小論の目的は，特許権侵害，とくに侵害の認定の問題（〔権利〕侵害の成否[7] ないし侵害論[8]。換言すれば，「どのような行為が侵害となるか[9]」の問題である）に焦点を絞って，上記の私見に対する理論面での補説を試みることにある。

　以上の問題意識に照らし，本稿で明らかにしようとするのは，つぎの2点である。

　第1に，冒頭で述べた私見にも直結するが，特許権侵害の文脈において，行為（の一部）が外国で行われていることを準拠法選択過程のどの段階で，どう評価するのか，という点である。これは国際私法上，侵害の成否を特許権自体

158

の問題と法性決定[10]するか[11]，それとも特許権侵害の問題と法性決定するか
にもかかわる[12]。そして第2に，特許権にかかる属地主義の原則との関係で
は，同原則から抵触法上のルールとしての保護国法主義が導かれるとする見解
も有力に主張されるところ[13]，そこにいう保護国法または保護国とはいかな
る概念で，どのようにして特定されるのか，という点である。

　以下ではまず，保護国法の概念について，この概念が提唱された当時のドイ
ツにおけるウルマー（Eugen Ulmer）とマルティニー（Dieter Martiny）の議論
を確認する（Ⅱ）。つぎに，彼らが外国で行われた行為の扱いをどのように考
えていたのか，両者の所説を対比しつつ論じることで，現在もなお欧州国際知
的財産法の基層をなすと思われる議論の一端を明らかにしたい（Ⅲ）。最後に
上記2点に関する本稿の結論および若干の展望を述べて，結びとする（Ⅳ）。

　なお本稿において，「属地主義の原則とは，特許権についていえば，各国の
特許権が，その成立，移転，効力等につき当該国の法律によって定められ，特
許権の効力が当該国の領域内においてのみ認められることを意味する」（最判
平成9・7・1民集51巻6号2299頁〔BBS並行輸入事件〕）。最判平成14・9・26民
集56巻7号1551頁〔FM信号復調装置事件〕はこれをいい換え，前半が「各
国はその産業政策に基づき発明につきいかなる手続でいかなる効力を付与する
かを各国の法律によって規律」するという抵触法上の原則（抵触法上の属地主
義）を，後半が「我が国においては，我が国の特許権の効力は我が国の領域内
においてのみ認められるにすぎない」という実質法上の原則（実質法上の属地主
義）をそれぞれ意味するものと解しており，本稿もさしあたってはこの理解を
起点に論を進める[14]。

Ⅱ　保護国法とはなにか──ウルマーの説明

1　本源国法との対比

　ドイツのマックス・プランク外国および国際特許法・著作権法・競争法研究
所（現：イノベーション・競争研究所）の所長を務めたウルマーは，彼が1975年
に公表した，欧州経済共同体構成国の国際私法に関する条約中の無体財産権に

IV 論 説

関する規定のための草案15)（以下「ウルマー草案」という）において，保護国法
を「その領域について保護が要求される国の法（das Recht des Staates, für
dessen Gebiet der Schutz in Anspruch genommen wird)」と定義する（同草
案 A 条)。その解説において，彼はこれを本源国法と対比して論じる。ここで
の本源国法の適用は，無体財産権を特定の法秩序に統一的に連結する試みとし
て紹介されており，公表された著作物の場合は最初の公表国が，公表されてい
ない著作物の場合は著作者の属する国が，特許権では最初の特許付与がなされ
た国が，商標権の場合は最初の使用地がこれにあたるという16)。

　保護国法の適用は，このようなある特定の法秩序への統一的な連結とは異な
るものと定義される。たとえば，フランス国籍を有する者が創作し，フランス
で最初に公表された著作物は，ベルギーまたはイタリアで複製された場合には,
保護国法主義では，その法的状況を評価するのはベルギーまたはイタリアの著
作権法である，とウルマーはいう。彼によれば，ここでのベルギーまたはイタ
リアの著作権法は，利用行為またはその他の侵害行為が行われる国の法秩序と
して適用される17)。このように，著作権侵害事件では，保護国法が著作物の
利用行為または侵害行為が行われる国の法といい換えられるほか，そのような
利用行為または侵害行為が行われる地に応じて保護が要求される国もまた変わ
りうることが示唆される。

2　属地主義の原則との関係

　このような保護国法への連結の理論的根拠として，ウルマーは属地主義の原
則を挙げる。彼は特許権について，この原則は権利が特許付与の方法で国家に
より与えられる独占権であり，この付与行為はその効力を当該国家の内部でし
か有さない，との考え方に由来すると述べる18)。また著作権についても，著
作権の法的規制の効果はその法が公布された国家の領域に限定されるという考
え方に立てば，保護国法の適用が導かれるのである19)。ここでウルマーの念
頭にある属地主義の原則が，特許権や著作権の効力が当該国の領域内において
のみ認められるとする実質法上の属地主義を指すのは明らかである。彼の理解

160

に従えば，属地主義の原則それ自体に抵触法上の原則が内在されているというよりも，むしろ実質法上の属地主義の「当然の帰結[20]」として抵触法上の原則（保護国法主義）が導かれていることになる。

3　保護国の概念について

ウルマーは，保護国の概念は国際著作権法および国際工業所有権法における中心的な概念であるとする[21]。しかし上述のように，保護国法は利用行為または侵害行為が行われる国の法など，文脈に応じてさまざまにいい換えられ，それがどのように特定されるのかは必ずしも明確ではない。これについて，1976年にウルマー草案に対する批評論文[22]を執筆したマルティニーは，ウルマーの提唱する保護国法主義は「あまり有意義なものではない」とする。すなわち，「それは一般的な国籍法の原則に似ており，それによれば，各国は自らの国籍の取得や喪失について自ら決定する。この原則では，いずれの国によりその都度の連結（〔訳者注〕される）者が国民とみなされるかは，依然としてわからないままである。しかし無体財産法では，侵害を受けたとされる者は，自分から，その者の保護権がいずれの国に存在するかを宣言することができる」，と[23]。

　上記のマルティニーの指摘は，ある者が連結点（連結概念）としての国籍をいずれの国に有するかについては，国際私法独自の立場からこれを決定することはせず，それぞれの国の国籍法によって国籍の取得や喪失を判断し，ときには連結点としての国籍が1つに定まらず，重国籍者や無国籍者が生じうることを指摘しているものと思われる（領土法説[24]）[25]。たしかにマルティニーのいうように，保護国法の適用にあたっても，いずれの国に保護が求められるのかは，一方当事者（権利保有者）の主張に少なからず依存する[26]。しかし，そのような一方当事者の主張が認められるためには，その国に保護権が存在することが条件となる[27]。そして，そのような権利が存在するかどうかの決定は，当該権利があるとされる国の無体財産法に委ねられるのである[28]。

　このような保護すべき権利の所在について，ウルマーは，「無体財産は確か

に特定の国にあるのではなく，ある利用行為が行われ，または問題となっているあらゆるところに位置づけられる。そうであれば，個別事案では，利用行為地が同時に，権利が位置づけられる地であると思われる」とも述べている[29]。この説明によれば，利用行為地と権利が位置づけられる地とは切り離すことができず[30]，裁判所は，一方当事者の主張にかかる地に保護権の存在を確認できない場合には，たとえその地で一定の行為が行われていても，それはウルマーのいう利用行為を構成しないと考えることになろう。

　なお付言すると，ウルマーは，このような保護国法は法廷地法とは必ずしも一致しないとする[31]。なぜならば，著作権または工業所有権の侵害を理由とする訴訟は国際裁判管轄に関する一般的なルールに従い，被告住所地など侵害行為が行われた国とは異なる地でも提起されうるからである[32]。侵害行為が行われた国で訴訟が提起される場合は，実際には保護国法は法廷地法と一致する[33]。しかしこのことは，外国における侵害行為について内国に国際裁判管轄が認められる場合に，内国裁判所が自国法（法廷地法）を適用することを意味するものではない[34]。外国の権利の侵害について内国裁判所の国際裁判管轄を肯定し，保護国法（利用行為または侵害行為が行われる国の法）として外国法の適用をも想定する場合には（ウルマーはこれを完全抵触規定と呼ぶ），保護国法と法廷地法とは区別されなければならない[35]。

4　国際条約との関係

　ウルマーは，保護国法への連結を強力に推進するのは，多国間条約（工業所有権に関するパリ条約，文学的及び美術的著作物の保護に関するベルヌ条約，および世界著作権条約）であるとする[36]。しかし，これらの条約に共通する内国民待遇の原則から導かれるのは，「保護を受ける者が各締約国において当該国内法上の保護を要求することができる[37]」ということ，つまり，各締約国における保護はそれぞれの国の国内法に委ねられているということにとどまる[38]。これは，ある法律関係について内国法の適用される場合だけを定める一方的抵触規定[39]をもたらしうるものの[40]，それ以上に，①内国裁判所で外国の権利に

もとづく保護を要求することができるか，および，②外国で行われた行為についても国内法が適用されるかという問題については未解決のままである[41]。この点，ウルマー草案の公表当時は，英米法系諸国を中心に，内国裁判所では内国の権利にもとづいてのみ保護を要求することができ，一国内の無体財産法は行為が外国で行われている場合には適用されないとする理解も依然として根強かった[42]。それゆえウルマーは，これらの問題の解決を国際条約に強く求めることはせず，その取扱いは引き続き各国に委ねられているとの立場をとらざるをえなかったものと推察される。

　一方で上記①の問題に関して，ウルマーがその草案で提唱する保護国法主義は，明らかに外国法が適用される場合をも定める完全（双方的）抵触規定としてのそれである。そうすると，保護国法は内国法（法廷地法）と常に一致するわけではないため，上記②が問題となる場面では外国法が適用される可能性をも考えなければならず，ここにいう「外国で行われた行為」とは，よりひろく，保護国の領域外で行われた行為を指すと解することができる（上記②の問題については，章を改めて検討する）。

5　小　　括

　こうしてみると，ウルマーの提唱する保護国法への連結は，主として実質法上の属地主義から導かれ，保護国概念の領土法説による補足を通じて完全抵触規定となったということができる。彼は必ずしも，自らの保護国法主義を国際条約から導かれる各締約国の義務とはみていない[43]。かりにこれを国際条約上の義務とすれば，締約国相互間を拘束する統一的な連結ルールを導くこともできるところ，ウルマーはあえてそれをせず，その採否を各国に委ねるという立場をとる[44]。

　ウルマーの理解では，このような完全抵触規定の適用上，いずれの国に保護が求められるかの決定は，一方当事者の主張とその主張にかかる国の法律（実質法）とに委ねられる。この考え方は，連結概念の決定はそれを使用している抵触規定の解釈の問題であって法廷地国際私法自体の立場から独自に行われる

べきであるとする立場（国際私法自体説[45]）とは異なるものであることに注意
しなければならない。

　ところで，上述のような保護国概念の具体化に関連して，特許権のように登
録等を有効性の要件とする権利については登録国法によるとの立場も有力であ
る[46]。この点，少なくとも登録等を有効性の要件とする権利であれば，保護
すべき権利は登録国に位置づけられるため，登録国法は保護国法と原則として
一致することになろう[47]。

　しかし，保護国概念の具体化に際して登録国という表現を用いるときは，と
りわけ登録国外の行為を問題とする場合に，登録国と行為が行われる地とが分
離する可能性が指摘される[48]。これについては，たとえ権利保有者（原告）が
登録国外の行為を問題とするとしても，保護国法に関するウルマーの理解を前
提とすれば，登録国法が適用されることになり，当該行為が行われる地の法が
準拠法となることはないと考えられる。なぜならば，後者には保護権が存在し
ない（保護権の存在する場所でしか，侵害行為はなされえない）からである[49]。す
でにみたように，登録等を有効性の要件とする権利であれば，保護権は登録国
に位置づけられる。ここでは登録国法が保護国法と一致するから，登録国外の
行為に対する評価は，そのような保護国（実質）法を適用する段階でなされる
ことになる。つまり，ここでの領域外行為の評価は，保護国という連結概念を
決定するために準拠法のレベルでなされるものではなく，準拠法となる保護国
法の解釈として，実質法上，禁止された利用行為が保護国の領域においても行
われたと評価してよいかどうかの問題となる[50]。ここでは，すでに保護国法
の適用が前提とされており，侵害行為がどこで行われたか（保護国内で侵害行為
が行われたか）を準拠法のレベルで判断する必要はないのである[51]。

Ⅲ　侵害の場所的位置づけ

1　侵害（行為）地と保護国との関係

　さきにみたとおり，ウルマーの説明では，侵害訴訟における保護国の規則の
適用可否は，侵害行為がその国で行われているかどうかに依存する[52]。そし

164

て，侵害行為が保護国で行われているかどうかを決定的に左右するものは，「その侵害行為が，その領域について保護が要求される国の法の意味において，内国保護権の侵害とみなされるかどうか」である[53]。すでにみたように，ウルマーはその判断が準拠法のレベル（連結概念の決定）ではなく，実質法のレベル（保護国法の適用・解釈）でなされると考えていた。このことは，保護国法によれば侵害行為が保護国の領域内では行われておらず，もっぱらその領域外で行われていると評価される場合に，保護国法のもとでは何らの侵害も認定されないことを意味する[54]。このように，侵害行為がどこで行われたかは訴えの成否に直結するが，それは保護国概念の決定という準拠法のレベルよりも，むしろ実質法のレベルにおける侵害の認定の問題として検討されることになる[55]。

以上の理解は，いかなる行為が内国保護権の侵害となるか，そのような侵害行為が保護国の領域内で行われたかにつき，各国実質法上の評価が大きく異なるという状況を正当化する[56]。マルティニーも，当時のドイツ国内ですら統一的な評価基準が確立されていなかったことに鑑み，このようなウルマー草案の慎重さに一定の理解を示す[57]。しかし一方で，マルティニーは，侵害請求についても各国で同じように連結がなされることが望ましいとの立場から[58]，侵害（行為）地の決定（侵害の場所的位置づけ）が統一的になされる必要性も十分に認識していた[59]。これは，侵害行為がどこで行われたかを実質法ではなく，準拠法のレベルで評価する可能性を示唆するものである。以下，節を改めてこの点につき若干の検討を行う。

2 侵害（行為）地が保護国にない場合——マルティニーの指摘

まず，マルティニーは，ウルマーが実質法上の属地主義を前提に，権利の場所的な保護範囲と侵害（行為）地とは一致すると考えていたことを指摘する。それゆえウルマーの説明では，保護権の準拠法（保護国法）と侵害の準拠法（侵害行為地法）との間で不一致が生じることはなく，保護国の領域外でなされた行為を保護国における侵害行為とみるかどうかは，侵害の成否についても保

護国法が適用される以上，準拠法である保護国法の適用・解釈の問題として処理されることになる[60]。しかし，このような処理は保護国ごとに侵害構成要件が異なる（それぞれの保護国法が，自国保護権の侵害の成否を決定する）ことを正当化するため，侵害（行為）地の統一的な決定にはなじまない[61]。そこでマルティニーは，保護国に侵害（行為）地があるかどうかを判断する基準として，行為の一部が保護国にあるとするだけでは不十分であり，「侵害行為全体の場所的位置づけ（所在決定[62]。die Lokalisierung der Verletzungshandlung im grenzen)」が重要であるとする[63]。

　マルティニーの説明は，保護国法適用の前提として侵害（行為）地が保護国内にあることを要求する点ではウルマーと共通する。しかし，そのような侵害行為が保護国で行われたかどうかは，マルティニーによれば，それぞれの保護国法（保護権が存在し，侵害されたと主張される国の法秩序）に委ねるのではなく，侵害行為が保護国に十分な影響を与えているかどうか（侵害行為と保護国との間の十分な関連性）を基準に判断される。したがって侵害行為と保護国との間に十分な関連性がない場合には，侵害（行為）地は保護国になく，保護国の無体財産法は適用されない[64]。ここでは，侵害行為が保護国の領域外で行われていること，さらにいえば，侵害行為が十分な関連性をもつ他の地があることが，準拠法のレベルで評価されているのである。このような内国関連性への言及はウルマーにもみられるが[65]，そこでは，保護国法による侵害の認定には国際条約上の限界があることを指摘するにとどまっていた。マルティニーはむしろ，国際私法自体の立場から，侵害行為が全体として十分な関連性を有する地（のみ）が「保護国[66]」となる可能性を指摘したのであり[67]，これにより，保護権が存在する地の法とは異なる，侵害事件と最も密接な関係がある地の法の適用という通常の準拠法選択の基本に沿った「保護国法」の探求へとつながる道をつけたといえる[68)69]。

3　小　括

　マルティニーによる侵害の場所的位置づけの考え方は，保護国法主義を領土

法説によって補足するウルマーの理解とは異なる，新たな展開をもたらす。ウルマーが保護国法の適用を実質法上の属地主義と連続的なものととらえるのに対し，マルティニーのそれは，侵害行為が全体として十分な関連性を有する地の法の適用という準拠法選択の基本に沿って再定義される。このためマルティニーの理解では，そのようにして決定される侵害（行為）地と保護権が存在する地とが一致しない場合が想定されるのである。もっともマルティニーは，このような場合（彼の分類による，行為が保護国の領域外でなされる，または行為が保護国と十分な関連性をもたない第2，第3の事例群）にも，保護国（内国）の無体財産法は適用されないと述べるにとどめていた[70]。これは，彼がウルマー草案に対する批判に主眼を置きつつも，この問題を実質法のレベルで評価するウルマーの立場に一定の理解を示していたことと無関係ではないように思われる[71]。しかし，ウルマーが自らの保護国法主義を完全抵触規定ととらえていたことからすれば，マルティニーが，侵害行為全体が十分な関連性を有する地である外国の無体財産法が適用されることを全く視野に入れていなかったとは考えにくい。かりに行為が外国で行われていることをも含めてこのように準拠法のレベルで評価することができるとすれば，それは，ウルマーの保護国法主義とはまた別の論理で，侵害事件と最も密接な関係を有する国の法を探求することにつながるであろう。

Ⅳ　お わ り に

本稿では，冒頭で掲げた2つの論点を検討するにあたり，保護国法をめぐるウルマーとマルティニーの議論を手がかりとすることで，以下の結論をえることができたように思われる。

第1に，特許権侵害の準拠法として保護国法が適用されるかぎりにおいて，発明等の利用行為または侵害行為が保護国の領域外で行われたものを含む場合にも侵害を認めるかどうかは，準拠法である保護国法の解釈問題となる。その意味で，適用される実質法上の適用範囲に関する規則は，準拠法の適用段階において考慮される[72]。

　第2に，上記の保護国法は，一方当事者の主張と，そのような主張にかかる
国に保護権が存在することによって特定される。ここでの保護国法が，発明等
の利用行為または侵害行為が行われる地の法といい換えられることがあるけれ
ども，ウルマーの理解では，これらは常に一致し，保護国の領域外で（彼のい
う）利用行為または侵害行為が行われる場面は想定されない。このような場合，
いずれかの行為が保護国の領域外で行われていることの評価は，それが保護国
法の適用にあたって内国保護権の侵害とみなされるかどうかの問題となる。上
記第1の結論は，これを準拠法選択過程で再述したものにすぎない。

　第3に，マルティニーが侵害事件において保護国法を特定するために用いた
十分な関連性という基準は，上記のような実質法のレベルだけでなく，準拠法
のレベルにおいても，統一的な指針となりうるものであった。すなわち，これ
は前者との関係では，保護国内で侵害があったかどうかの判断に関する実質法
上の統一指針となり，また後者との関係では，準拠法決定の連結点としての侵
害（行為）地（ひいては，最も密接な関係がある地）[73]を特定するための統一指針
となりうる，ということである[74]。しかしながら，この基準がいずれの文脈
で用いられているかにより，その意義は大きく異なるといわなければならない。
というのも，前者の指針は保護国法の解釈にかかわり，依然としてウルマーの
定義する保護国法の適用という枠組の中に収まるものであるのに対し，後者の
指針は，ウルマーによる定義とは異なる「保護国法」の適用を導く可能性があ
るからである。

　最後に，本稿では殆ど触れることができなかったが，以上の理解は，マック
ス・プランク外国私法・国際私法研究所および同無体財産法・競争法研究所
（現：イノベーション・競争研究所）が中心となって 2011 年に公表した EUROPEAN
MAX PLANCK GROUP ON CONFLICT OF LAWS IN INTELLECTUAL PROPERTY (CLIP),
CONFLICT OF LAWS IN INTELLECTUAL PROPERTY: THE CLIP PRINCIPLES における知
的財産権侵害の準拠法選択規則（すなわち，侵害および救済方法につき保護国法の
適用を原則とする 3:601 条，侵害が「僅少〔de minimis〕」な場合に保護国法の厳格な適
用を緩和する 3:602 条[75)]，および「ユビキタス侵害〔ubiquitous infringement〕」の場面

で保護国法に代わり侵害と最も密接な関係を有する国の法を適用する 3:603 条の各規定）
の適用関係を整理することにも役立つ。これらの規定は，本稿の視点ではそれ
ぞれ異なる考え方に立つものである。そのため各規定の適用範囲や境界画定に
関する議論[76]は，保護国法主義の妥当性や属地主義の緩和をめぐる論者の考
え方を反映しているとみることになろう。この点は，今後さらに検討したい。

［付　記］

　　本稿は，科学研究費補助金 22K01177 の助成を受けた研究成果の一部である。なお
本稿執筆に際し，校正段階でご論稿をお送りくださった鈴木將文教授（早稲田大学）
に，また，2023 年度研究会のシンポジウム資料をご提供くださった駒田泰土教授（上
智大学），愛知靖之教授（京都大学），山内貴博弁護士・弁理士，横溝大教授（名古屋
大学）に，記して謝意を表する。

1 ）　知財高判令和 4・7・20 裁判所 Web（平成 30（ネ）10077 号）〔ドワンゴ第 1 事件〕，知財高
　　（特別部）判令和 5・5・26 裁判所 Web（令和 4（ネ）10046 号）〔ドワンゴ第 2 事件〕参照。
2 ）　その定義や侵害行為の特徴については，知的財産研究所「ネットワーク関連発明における国
　　境をまたいで構成される侵害行為に対する適切な権利保護の在り方に関する調査研究報告書」
　　（2017 年）5，8-10 頁を参照せよ。
3 ）　ドワンゴ第 1 事件判決の評釈として，種村佑介「判批」新・判例解説 Watch33 号（2023 年）
　　335 頁。
4 ）　この問題を詳細に論じるものとして，石黒一憲『国境を越える知的財産：サイバースペース
　　への道程と属地主義』（信山社，2005 年）394-400 頁；申美穂「いわゆる『知的財産法における
　　属地主義』の多義性とその妥当性」国際私法年報 9 号（2008 年）256-259 頁を参照せよ。
5 ）　元永和彦「特許権の国際的な保護についての一考察」筑波大学大学院企業法学専攻十周年記
　　念論集『現代企業法学の研究』（信山社，2001 年）581 頁。また，種村佑介「知的財産権侵害の
　　準拠法と不法行為準拠法との関係」特許庁委託平成 22 年度産業財産権研究推進事業（平成 22 〜
　　24 年度）報告書（知的財産研究所，2012 年）28 頁も参照せよ。
6 ）　鈴木將文「特許権に係る属地主義の原則」パテント 76 巻 14 号（2023 年）10 頁。
7 ）　たとえば，茶園成樹「特許権侵害の準拠法」国際私法年報 6 号（2005 年）45-46 頁；申美穂
　　「法の適用に関する通則法における特許権侵害」特許研究 57 号（2014 年）34 頁などを参照せよ。
8 ）　申美穂「判批」令和 4 年度重判解（2023 年）274 頁。

9) 櫻田嘉章＝道垣内正人編『注釈国際私法(1)』（有斐閣，2011 年）648 頁〔道垣内正人〕。

10) 法性決定（法律関係の性質決定）とは，「抵触規則中の指定概念の内容を解釈・画定し，問題となっている法律関係の法的性質を決定して，その指定概念に含まれるかどうかを決めること」である（中西康ほか『国際私法』（有斐閣，第 3 版，2022 年）57 頁）。ここでは，侵害の成否が「問題となっている法律関係」にあたり，特許権自体または特許権侵害が「抵触規則中の指定概念」にあたる。

11) 申・前掲注 7）34 頁；同・前掲注 8）274 頁。

12) この点に関する私見は，侵害の成否は特許権侵害の問題と法性決定されるべきであり，先決問題としての特許権自体の問題とは区別されうる，というものである。種村・前掲注 3）335 頁。「特許権の侵害が特許権の効力と密接に関連しているという点から直ちに，侵害の成否が特許権自体の準拠法によって判断されるということにはならない」（茶園・前掲注 7）46 頁）と考えられるからである。

13) 茶園・前掲 39-40 頁；鈴木・前掲注 6）7 頁など。

14) 申美穂「国際的な知的財産権侵害事件における抵触法理論について（一）」法学論叢 154 巻 2号（2003 年）79-80 頁参照。属地主義の原則，とりわけ実質法上の属地主義に関して，筆者は基本的に茶園・前掲 38-44 頁の理解に賛成である（ただし後述するように，保護国法または保護国に対する理解は，私見とは異なる）。この点に関する筆者の認識は，種村佑介「知的財産分野における実質法の統一と国際私法の統一」早稲田法学 97 巻 3 号（2022 年）86-87 頁に不十分ながら示している。

15) Eugen Ulmer, Die Immaterialgüterrechts im internationalen Privatrecht 108 (1975). 同書の英語版として，Eugen Ulmer, Intellectual Property Rights and Conflict of Laws (1978) がある（以下，特に注記がないかぎりは 1975 年刊行のドイツ語版に依拠する）。ウルマー草案の紹介として，木棚照一「無体財産権をめぐる国際私法規定に関するウルマー草案」同『国際工業所有権法の研究』（日本評論社，1989 年）133 頁以下参照。

16) Ulmer, id. S. 8 ([13]). 木棚・前掲 143 頁。

17) Ulmer, id. S. 8-9 ([14]). 木棚・前掲 144 頁。

18) Ulmer, id. S. 9 ([14]). 木棚・前掲。

19) Ulmer, ibid.

20) 茶園・前掲注 7）40 頁。

21) Ulmer, supra note 15, S. 12 ([18]). 木棚・前掲注 15）144 頁。

22) Dieter Martiny, Verletzung von Immaterialgüterrechten im internationalen Privatrecht, RabelsZ 40 (1976), S. 218. 同論文の紹介として，申美穂「国際的な知的財産権侵害事件における抵触法理論について（二・完）」法学論叢 154 巻 3 号（2003 年）101-102 頁；石黒・前掲注 4）232 頁以下参照。

この論文は，マックス・プランク外国私法・国際私法研究所の所員らによる問題提起の 1 つとして執筆されたものである。ウルマーは 1977 年にそれらに対する反論を公表しているけれども，そこでは以下の本文で引用するマルティニーの指摘に対する明確な反論はみられない。Eugen Ulmer, *Gewerbliche Schutzrechte und Urheberrechte im internationalen Privatrecht*, RabelsZ 41 (1977), S. 479-480.

23) Martiny, *id.* S. 223. 申・前掲 101 頁。

24) すなわち，「人がある国の国籍を取得・喪失するか否かの決定は，法廷地国際私法によっては不可能であって，当該国の国籍法に委ねられている」（山田鐐一『国際私法』（有斐閣，第 3 版，2004 年）100 頁），あるいは，「国籍決定の準拠法は，その国の国籍があるとされる国の法律である」（溜池良夫『国際私法講義』（有斐閣，第 3 版，2005 年）95 頁）とされる。

25) この点は，駒田泰土「ビジネス環境の国際化の進展と特許権の属地性」2023 年度北海道大学サマーセミナー資料 66 頁より示唆を受けた。資料をご提供くださった駒田教授に記して謝意を表する。

26) 申・前掲注 22) 105 頁は，「準拠法の場所的適用範囲は法廷地の国際私法の立場から定めるべきものである」とする理解（これについては前掲注 5) の諸論文，およびそれに伴う本文参照）から，この点を批判する。また元永・前掲注 5) 581-582 頁も，登録国法への連結（後述 II 5 参照）を批判して曰く，「国際的な侵害事件については原告の主張に従い特定国の特許法についてのみその適用の有無を判断すれば足りるということであり，そう解する限りこれは国際私法の問題ではない」，と。同旨，茶園・前掲注 7) 46 頁。

27) クアは，保護国法の適用について以下のように説明する。すなわち，「その領域について保護が要求される国の法の……参照は，基本的にはこれを権利保有者に任せ，この者は 1 つまたは複数の特定国に関連するように請求を構成するのであって，それにより訴訟手続で適用されることになる法（law or laws）を間接的に選択している。このような暗黙の選択が可能であるにもかかわらず，原告がそれによって実質法上自らの地位を向上することは，排除される。つまり，裁判所がその領域について保護が要求される国には何らの権利も存在しないと認定する場合には，その請求は斥けられることになる」，と。Annette Kur, *Infringement and remedies*, in EUROPEAN MAX PLANCK GROUP ON CONFLICT OF LAWS IN INTELLECTUAL PROPERTY (CLIP), CONFLICT OF LAWS IN INTELLECTUAL PROPERTY: THE CLIP PRINCIPLES AND COMMENTARY 302 ([3:601.C04]) (2013).

28) フェンティマンはこれを，外国国家がその立法管轄の範囲内で創設した権利を，内国で適法なものとして承認すること（既得権説）になぞらえて説明する。Richard Fentiman, *Choice of Law and Intellectual Property*, in JOSEF DREXL AND ANNETTE KUR (EDS), INTELLECTUAL PROPERTY AND PRIVATE INTERNATIONAL LAW: HEADING FOR THE FUTURE 142 (2005).

29) ULMER, *supra* note 15, S. 9 ([14]). 木棚・前掲注 15) 144 頁。

30) Vgl. Martiny, *supra* note 22, S. 224. これについては後述 III 2 も参照せよ。

31) ULMER, *supra* note 15, S. 10 ([16]), 12 ([18]). 木棚・前掲注 15）144-145 頁。ウルマーはつぎの
ような例を挙げてこれを説明する。すなわち，ドイツのコンサート会社が，ある保護された著作
物をデンマークにおいて上演した場合，ドイツで訴訟を起こした著作者は，ドイツの著作権の保
護を要求することはできない。侵害行為がドイツで行われた場合にのみ，文学的及び美術的著作
物の保護に関するベルヌ条約にもとづき請求されうる保護が，ドイツ法によって与えられうる，
と。

32) この点に関し，ウルマーは，1968 年 9 月 27 日にブリュッセルで署名され，ウルマー草案の
公表当時に発効（1973 年 2 月 1 日）していた「民事又は商事事件の裁判管轄権及び判決の執行
に関する条約」（ブリュッセル条約）を挙げ，同条約は欧州経済共同体構成国間では大きな前進
であるとする。しかし，共同体の非構成国やブリュッセル条約に加入していない国との間では依
然として異なる評価がありうるとして，各国の対応に相違があることを指摘する。ULMER, *id.* S.
17-19 ([28]-[29]).

33) *Id.* S. 10 ([16]), 12 ([18]). 木棚・前掲注 15）144 頁。

34) Jürgen Basedow, *General principles*, in EUROPEAN MAX PLANCK GROUP ON CONFLICT OF LAWS
IN INTELLECTUAL PROPERTY (CLIP), *supra* note 27, at 232 ([3:102.C09]).

35) ULMER, *supra* note 15, S. 10 ([16]), 12 ([18]). このことは，ウルマーが同じ箇所で，自らの定義
する保護国と，文学的及び美術的著作物の保護に関するベルヌ条約 5 条 2 項で用いられる「保護
が要求される（wo der Schutz beansprucht wird）」国とを対比し，後者が曖昧な表現であると
して意識的に区別している点からも読み取ることができる。

36) *Id.* S. 10 ([15]).

37) *Id.* S. 10 ([16]).

38) 内国民待遇原則と抵触規則との関係については，種村・前掲注 14）78 頁注 17，87 頁注 52，
およびそれに伴う本文を参照せよ。

39) ULMER, *supra* note 15, S. 11 ([17]).

40) ウルマーは，「内国民待遇の原則に含まれる抵触法の規則は，もちろん完全抵触規定ではな
い」とする。*Id.* S. 10 ([16]).

41) *Id.* S. 10-11 ([16]-[17]).

42) たとえばイングランドについて，種村佑介「知的財産権侵害と国際不法行為法：イングラン
ドにおける取扱いに焦点をあてて」同『国際不法行為法の研究』（成文堂，2017 年）325 頁；種
村・前掲注 5）15-23 頁参照。また，前掲注 32）とも対比せよ。

43) この点は，申・前掲注 14）76 頁と対比せよ。ウルマーは「内国民待遇の原則があることで
……保護国法主義を採ることに直結する」とか，「保護国法主義……の採用が条約によって各締
約国に義務づけられ」るとまでは考えていなかったのではないだろうか。Ⅱ 4 参照。

44) それゆえウルマーは，（保護国法の適用を優先しつつ）保護国法として指定された国の国際私

法が本源国法主義をとる場合に，反致が生じる可能性を否定していない（ウルマー草案 C 条。同条の仮訳は，木棚・前掲注 15）136-137 頁を参照せよ）。Ulmer, *supra* note 15, S. 12-13 ([20]). ここから Martiny, *supra* note 22, S. 224-225 は，ウルマーが保護国の国際私法上保護国法以外の法が適用される可能性を排除していなかったとする。

45) 国際私法上の連結点（連結概念）としての住所につき，山田・前掲注 24）97，112-113 頁；溜池・前掲注 24）119 頁参照。

46) 申・前掲注 7）29-32 頁で紹介されている立法提案（ALI 原則，日韓共同提案，CLIP 原則）を参照せよ。わが国でも，特許権にもとづく差止および廃棄請求の準拠法について同様の説明がみられる（高部眞規子『実務詳説　特許関係訴訟』（きんざい，第 4 版，2022 年）349-350 頁参照）。これに対する批判として，前掲注 26）およびそれに伴う本文を参照せよ。

47) See Basedow, *supra* note 34, at 232 ([3:102.C09]). 保護国法が登録国法の上位概念として用いられるという理解である。木棚照一編著『知的財産の国際私法原則研究：東アジアからの日韓共同提案』（成文堂，2012 年）9，28 頁参照。なおこの場合，その国に登録があるかどうかの決定は，国籍の場合と同じく，問題となっている国の法律に委ねられることになると考えられる。

48) 高部・前掲注 46）349-350 頁。

49) Ⅱ 3 参照。

50) Vgl. Josef Drexl, *Internationales Immaterialgüterrecht* in Franz Jürgen Säcker, Roland Rixecker and Hartmut Oetker (Hrsg.), Münchener Kommentar zum Bürgerlichen Gesetzbuch, Band 11: Internationales Privatrecht II, Internationales Wirtschaftsrecht, Einführungsgesetz zum Bürgerlichen Gesetzbuche (Art. 25-248) (6 Aufl., 2015) S. 1229-1230 ([12]).

51) See Rita Matulionytė, Law Applicable to Copyright 59-60 (2011).

52) Ulmer, *supra* note 15, S. 13 ([22]). 木棚・前掲注 15）146 頁。

53) Ulmer, *id.* S. 13-14 ([23]). 木棚・前掲。ウルマーは，輸出目的で生産された特許装置の全体（組合せ）の保護をめぐり，以下のような例を挙げる。すなわち，ある特定の組み合わせが，A に有利となるように，米国でも，ドイツでも，フランスにおいても特許によって保護されており，競争相手 B が，その組み合わせのすべての主要な部分を，同社の米国，ドイツ，フランスの支店から特許のない外国に供給し，そこで組み立てた場合，A が B に対して特許権侵害訴訟を提起したドイツの裁判所は，その訴えを米国からの供給品に関しては（組立てが内国では行われていないことを理由に）却下しなければならないが，これに対し，ドイツやフランスからの供給品に関しては（組合せの主要な部分が内国で生産されていることを理由に）認めなければならない，と。ここでは，各保護国法に従い，それぞれの内国特許権の侵害があるかどうかが判断されている。

54) See Matulionytė, *supra* note 51, at 60.

55) See Drexl, *supra* note 50, S. 1229 ([12]); Matulionytė, *ibid.*

56）前掲注53）でウルマーが挙げた例を参照せよ。

57）Martiny, *supra* note 22, S. 226.

58）Vgl. *id.* S. 224-225. これは直接には，保護国法からの反致を認めるウルマー草案C条（前掲注44）参照）に対する反論の文脈でなされている。

59）*Id.* S. 225-228.

60）Vgl. *id.* S. 223-224.

61）Vgl. *id.* S. 225-226.

62）申・前掲注22）102頁は，この訳語をあてる。

63）Martiny, *supra* note 22, S. 226. 石黒・前掲注4）232-233頁参照。

64）Martiny, *id.* S. 226-227.

65）ULMER, *supra* note 15, S. 15 ([25]).

66）この文脈でマルティニーが用いる，侵害行為が十分に影響を与えていることを条件に認められる「保護国」は，実質法上の属地主義のもとで保護国法と侵害（行為）地法とが一致するとしていたウルマーの理解に（外観上は）従いつつ，実際には主客転倒したものとなっているように思われる。すなわちウルマーの理解では，保護国の無体財産法を適用するために侵害（行為）地がそこにあることが必要となるところ，マルティニーの説明では，侵害行為全体の場所的位置づけ（侵害〔行為〕地の決定）によって保護国が特定されているのである。このような発想は，わが国でも，「行動地が保護国となる」（茶園・前掲注7）47頁），「行為に着目する保護国法主義」（鈴木・前掲注6）12頁注10）といった表現にみてとることができよう。

67）Vgl. Martiny, *supra* note 22, S. 226-227. マルティニーはここで，不正競争の分野における「行為地（Begehungsort）」の概念を引き合いに出し，この概念の決定にとって重要なのは事実関係の中のある特定の要素のみであり，一種の内容的評価によって競争者の利益が衝突する場所が探求されていることを指摘する。これはおそらく，ウルマーが不正競争に対する保護を無体財産に関する権利ではなく，不法行為法に属するものと考えていたこと（ULMER, *supra* note 15, S. 5 ([8]). 木棚・前掲注15）142頁）から示唆を受けたものであろう。それゆえここでのマルティニーの指摘は，ある行為が複数国と関連性を有している場合であっても，その行為全体から1つの国へ連結することを示唆するものと整理される。Vgl. FRANK PETER REGELIN, DAS KOLLISIONS-RECHT DER IMMATERIALGÜTERRECHTE AN DER SCHWELLE ZUM 21. JAHRHUNDERT 232, Anm. 71 (2000).

68）石黒・前掲注4）235-236頁参照。この点につき，申・前掲注22）102頁の理解と対比せよ。

69）あるいは，マルティニーにとって本文で述べたプロセスは，（双方主義的な）準拠法の決定・適用の場面で問題となるものではなく，侵害があったと原告により主張される内国保護権の侵害（内国無体財産法が適用される場面）のみを問題としているようにも読める。そうすると，マルティニーはこのプロセスを（内国法の適用だけを定める）一方的抵触規定ととらえていたとみることもできるのかもしれない。この点は，彼がこの問題について「外国との関係において国内の

無体財産権の保護範囲を狭めるか広げるかにかかわるため，国際的に重要な意味をもつ」として
いることとも整合的に解することができる。Martiny, *supra* note 22, S. 226. 石黒・前掲注 4)
234 頁参照。

70)　前掲注 64)，およびそれに伴う本文，ならびに石黒・前掲 235-236 頁のマルティニーの所説
に対する評価も参照せよ。

71)　前掲注 57)，およびそれに伴う本文参照。続く箇所で，マルティニーはドイツやスイスの裁
判例を分析し，両国では自国（内国）の無体財産法の解釈問題として侵害行為の保護国との十分
な関連性が要求されていることを指摘する。Martiny, *supra* note 22, S. 228. 申・前掲注 22) 102
頁参照。たしかにこの文脈では，十分な関連性が実質法のレベルでも有益な基準となりうること
が示唆されている。しかしながらマルティニーは，このような裁判例の動向を「中道をゆく
（verfolgt...eine mittlere Linie）」ものと評価しており（Martiny, *id.* S. 227），彼がその直前で述
べる，事実関係の特定の要素に着目した行為地の決定（前掲注 67）参照）とは方法論的に異な
るとするのである。

72)　私見では，準拠法選択の結果として保護国法以外の法が適用される場合には，その準拠実質
法上の適用範囲に関する規則は原則として無視されるものと解したい。この場合は，法廷地の準
拠法選択規則を介することで，準拠実質法秩序固有の適用範囲は必ずしも尊重されないと考えら
れるからである。この点は，Fentiman, *supra* note 28, at 143 と対比せよ。

73)　この意味における連結点や準拠法を指す語として，保護国ないし保護国法（主義）を用いる
ことは，本稿における定義との関係では混乱を招き，妥当でないように思われる。

74)　この点は，前掲注 67）および 71）を参照せよ。

75)　この規定は，2001 年に採択された世界知的所有権機関（WIPO）の「インターネット上の商
標及びその他の標識に係る工業所有権の保護に関する共同勧告」より示唆を受けたものであると
される。Kur, *supra* note 27, at 312-313 ([3:602.N06])。

76)　Rita Matulionyte, *The Law Applicable to Online Copyright Infringements in the ALI and
CLIP Proposals: A Rebalance of Interests Needed?*, 2 (2011) JIPITEC 26, 29-30 ([16]-[18]). See
also Kur, *id.* at 322-324 ([3:603.N09]-[3:603.N17])。

学 会 記 事

2023 年 4 月から 2024 年 3 月までの主な学会記事は以下のとおりである。

Ⅰ. 2023 年度の主な活動

1. 研究会開催通知　　2023 年 5 月 10 日

    2023 年の研究会・総会の開催案内が会員宛てに発送された。

    甲南大学岡本キャンパスで 2023 年 6 月 17 日（土）に開催するもので，5 年ぶりに関西地区での開催となる。前年度に引き続き，オンライン配信も行うことも通知された。

2. 年会費納入依頼書発送　　2023 年 5 月 10 日

    2023 年度学会費の納入依頼書が全会員宛てに発送された。過去滞納分も考慮して，各人別に請求明細を明示した払込取扱票が同封されている。

3. 監事会開催　　2023 年 5 月 30 日

    2022 年度会計監査が実施され，適正に処理されていると確認された。

4. 年報第 46 号発行　2023 年 5 月 31 日

    年報第 46 号（2022）「サプライチェーンにおける特許権侵害」が有斐閣から出版された。会員に郵送された。

5. 理事会開催　　2023 年 6 月 17 日　12:30 〜 13:04

    場所：甲南大学岡本キャンパス 5 号館 523 教室 および オンライン（Zoom Meeting）

    議事：

    ⑴　活動報告

    　2022 年度の活動報告があった。先ず，井関編集担当常務理事から年報 46 号の出版に関する経過説明があった。

    　続いて，2022 年度の活動経過報告が理事長から行われた。詳細は年報 46 号の学会記事（p251-256）に掲載してあるので，重複説明を避ける形で報告された。

(2) 決算および予算（案）の理事会承認

　　理事長から 2022 年度決算の内容説明があった。鈴木会計担当常務理事，今村事務局担当常務理事が事前確認し，5 月 30 日に林監事，松本監事による監査を受け，適正に処理されているとの判定を得ている決算書であることが述べられ，その後に内容説明があった。審議の結果，理事会としては異議なく承認し，これを午後の総会において最終承認を得ることとなった。

　　引き続き，2023 年度の予算説明と審議が行われた。こちらも理事会としては承認し，午後の総会において最終承認を得ることとなった。

(3) 会員の入会審査

・過去 1 年間，メール審査で承認した入会者の再確認がなされた。

　　2022.6.12 〜 2023.3.31 のメール審査入会者　1 名，

　　2023.4. 1 〜 2023.6.16 のメール審査入会者　10 名

・理事会当日（2023.6.17）の会合審査　1 名が入会承認された。

〈注：氏名については本記事Ⅱに記載するので，ここでは省略〉

・3 年間会費滞納の会員は 3 名であることが報告された。

(4) その他

　　理事長から，入会申込書の様式変更と会員名簿の電子媒体化について常務理事会で検討した結果が説明された。

・常務理事会の下にワーキングチームを設置し，入会申込書の様式について，個人情報取り扱いの視点から見直しが行われ，記載する情報を減らすとともに，会員名簿に掲載する情報を選択できる様式が提案され，常務理事会においてこれを承認した。

・会員名簿については，冊子版の発行をやめ，今後はウェブ上で掲載したうえで，毎年 1 回の更新を行うことが提案された。具体的には，初回のウェブ掲載は 2023 年 11 月を予定する，アクセスには毎年変わるパスワードが必要となる形式とする，このパスワード情報は毎年 5 月頃に行う会員宛定例通知の中で行う，などの方針を常務理事会としてまとめた。

　　上記，常務理事会方針について理事会で意見交換を行った結果，異論はなく，総会にも諮ることとした。

6. 　通常総会開催　　2023 年 6 月 17 日　13:15 〜 13:30

　　場所：甲南大学岡本キャンパス 5 号館 511 教室 および オンライン（Zoom Webinar）

議事：

(1) 学会の状況報告および会員の入退会報告

　　理事長から2022年度の研究会開催状況，学会年報46号発行，会員の入退会状況について報告があった。

(2) 2022年度決算報告

　　理事長から2022年度の決算報告があった。監事による監査を受けてあること，直前に開催された理事会でも承認済みであることに言及したうえで，収入総額4,022,402円，支出総額3,109,667円であったことが報告された。報告の後，承認を求めたところ，全会一致で承認された。

(3) 2023年度の予算（案）の提案

　　理事長から2023年度も学会諸会合はオンライン会議で行う前提で予算は組んであるとの説明があった。予算（案）は理事長説明のとおり承認された。

(4) 会員名簿について

　　理事長から従来は2年に1回の頻度で印刷冊子で発行している会員名簿を，今後はホームページの会員専用コーナーにウェブ掲載することが提案された。具体的には，毎年11月頃にウェブ上で新しい名簿を公開し，アクセスには毎年変わるパスワードが必要となる形式を取ることを検討していること，このパスワード情報を紙で通知する予定であることが説明され，全会一致で承認された。

7. 研究会開催　　2023年6月17日 10:00～12:00　および　13:30～17:00

　　場所：甲南大学岡本キャンパス5号館511教室 および オンライン（Zoom Webinar）

　　午前の部　個別報告

　　1) 「デッドコピー規制による現代衣服デザインの法的保護の現状と在り方
　　　　──イギリス法と日本法の比較検討」
　　　　山本真祐子（群馬大学情報学部講師）

　　　　　　　　　　　　　　　　　　　　　司会　今村哲也（明治大学教授）

　　2) 「デジタル変革とソフトウエア関連発明の特許適格性についての一考察」
　　　　吉田悦子（大阪工業大学知的財産学部准教授）

　　　　　　　　　　　　　　　　　　　　　司会　井関涼子（同志社大学教授）

午後の部　シンポジウム

テーマ「ボーダレスエコノミーと特許権の属地性」

司会　駒田泰土（上智大学教授）

　駒田泰土（上智大学教授）　「趣旨説明」「日本法イントロ＋ドイツ法」

　愛知靖之（京都大学教授）　「アメリカ法」

　山内貴博（弁護士）　　　　「日本法＋実務の観点」

　横溝　大　（名古屋大学教授）「抵触法学の観点」

　（討論・質疑応答）

　　内容は本誌掲載のとおり

　※終了後に懇親会が開かれた

8.　常務理事会開催　　2023年9月17日　13:30〜16:56

　場所：オンライン会議

　議事：

　(1)　次号年報（第47号）編集の進捗状況

　　井関編集担当常務理事から報告があった。

　・今年度の研究会で個別報告をした2名およびシンポジウム登壇者である4名の方々には執筆を依頼済みであるとの報告があった。

　・論説の執筆については，以下の3名の方に依頼済みであるとの報告と，依頼するにあたっての経緯について説明があった。

　　角田政芳会員（東海大学総合社会科学研究所）：

　　　ファッションデザインの保護に関するテーマで論説を依頼した。これは，研究会における山本真祐子会員の個別報告「デッドコピー規制による現代衣服デザインの法的保護の現状と在り方——イギリス法と日本法の比較検討」との関連を考慮してのことである。

　　中山信弘名誉会員（東京大学名誉教授）：

　　　ソフトウェア特許をテーマにしたエッセイ風のものを依頼した。これは，研究会における吉田悦子会員の個別報告「デジタル変革とソフトウエア関連発明の特許適格性についての一考察」との関連を考慮してのことである。

　　種村佑介会員（早稲田大学教授）：

　　　情報通信ネットワークの発展を契機とする属地主義再考の動きに関し，

国際私法の観点から検討するというテーマで論説を依頼した。これは，研究会におけるシンポジウム「ボーダレスエコノミーと特許権の属地性」との関連を考慮してのことである。

(2) 2024 年度研究会・総会の場所と日程について

慶應義塾大学にて，2024 年 5 月 25 日（土）または 6 月 22 日（土）に開催することで君嶋祐子理事（慶應義塾大学教授）が調整中であることが紹介された。会場予約の日程都合で最終的には 2024 年 2 月に判明するとの事であった。

（注：その後 5 月 25 日（土）に慶應義塾大学で開催可能が決定）

(3) 2024 年度研究会の企画

2024 年度の研究会における個別報告，シンポジウムの内容について検討し，以下のように決定した。

1) 個別報告者 2 名の指名

何名か候補が挙がったが，次の方に打診することになった。

勝久　晴夫会員（文教大学情報学部准教授）〈茶園常務理事が打診〉

渕　麻依子会員（神奈川大学法学部准教授）〈駒田常務理事が打診〉

（尚，後日の打診で確定となった。テーマは追って決定される）

2) シンポジウム

テーマ：商標法と不正競争防止法に関連するテーマとする。

コーディネーター：宮脇常務理事にお願いする。

テーマ選定に至る議論

近年，意匠法（2019），特許の進歩性（2020），種苗法（2021）を取り上げ，2022 年・2023 年と特許法を中心に扱ったが，法改正もあった商標法について一括して扱う時期であるという意見があり，2024 年度は商標法に関するテーマにすることとされた。具体的には，商標法における周知・著名商標の扱い，先使用権に関するエマックス抗弁，商標法と不正競争防止法との役割分担，あるいは，切り口次第では，混同問題との関係でコンセント制度，また，商標的使用の問題に触れることもあり得るといった意見が出された。特に，不正競争防止法もしばらく扱っていないため，両者に横串を入れられるようなテーマが良いのではないか，という点も示唆された。

詳細企画，登壇者については，宮脇常務理事に調整をお願いすること

になった。

(4) 2025 年度研究会企画の件

　再来年の 2025 年の研究会について，著作権法学会との共催研究会として行うことの協議が行われた。前回の共催から 10 年が経過し，節目となる年であることを踏まえて，日本工業所有権法学会と著作権法学会の両学会から各々コーディネーターを決めて，両学会で日程，内容を調整し共催研究会を企画することが了承された。

　共催研究会のコーディネートに関して，本学会からは駒田常務理事にその役割を担ってもらう提案がなされ，この点についても了承された。

(5) 理事・監事の任期満了に伴う処置の件

　2024 年 5 月の総会終了時点で全役員（理事・監事）の任期が満了するため，総会において新たに選任する必要がある。従来の慣行に基づき，その時点で 70 歳を超えている者は定年退任し，それ以外の者は退任の意向がある場合を除き，再任として運用していくことが確認された。

　今回，定年となる理事は，高林理事（理事長），峯唯夫理事および松村信夫理事であり，それぞれ学者枠，弁理士枠，大阪弁護士会からの弁護士枠の理事という位置付けである。こうした枠は長年維持されているので，この枠組みを前提として役員候補を定め，総会で最終決定する準備を進めることが確認された。現理事に対する意向確認，新理事候補の調整は高林理事長が担当する。

9. 会員名簿の Web 公開　　2023 年 11 月 9 日

　6 月の総会で決定したとおり，会員名簿は冊子印刷配付に替えて Web 公開する方式に変更した。ホームページに会員専用コーナーを新設し，パスワードによる会員限定閲覧としてある。

　これを機会に，ホームページは http から https 化を行った。

10. 次年度研究会開催予告　　2024 年 1 月 30 日

　2024 年度研究会・総会を 5 月 25 日（土）に慶應義塾大学の三田キャンパスで行う予定であることを会員宛てに連絡した。連絡はメールを活用したが，メールアドレス不明者には文書郵送による予告となった。

11. 年度終了　　2024 年 3 月 31 日

　　　2023 年度終了に伴い会計帳簿の締めを行った。年間総収入 3,669,923 円，総支出 3,227,295 円で 442,628 円の黒字決算となった。

　　　また，2023 年度末の正会員数は 462 名であった。

Ⅱ．会員入退会状況

　　2023 年度内の入会者，退会者は以下のとおりであった。

1．正会員

年度	内容と事由		数	正会員氏名（氏名のみ記載，敬称略，原則受付順）			
2023	入会者		14	武田昇平	本田真吾	谷有恒	舘秀典
				松岡徹	横溝大	伊藤英明	小林利明
				謝徳堃	菅野智子	杉本優太	小池眞一
				種村佑介	杉村純子		
	退会者	逝去	2	※ 2023 年度に情報を得た方々を記載。（　）は逝去日			
				岩本諭（2023.8.14）		赤岡迪夫（2023.8.30）	
		自己都合	8	川瀬幹夫	寺本振透	久保次三	森下武一
				吉利靖雄	根岸哲	牧野利秋	佐藤薫
		その他					
正会員増減	期首 458		4 増	期末 462 名			

2．名誉会員

年度	内容と事由	数	名誉会員氏名（氏名のみ記載，敬称略，原則受付順）
2023	正会員から推挙	0	
	退会	0	
名誉会員増減	期首 4	± 0	期末 4 名

3．維持会員

年度	内容と事由	数	維持会員名（敬称略）（　）は入会または退会月日
2023	入会	0	
	退会	1	アステラス製薬株式会社（2024.4.4。2024 年度の連絡だが 2023 年度末退会とする。）
維持会員増減	期首 28	1 減	期末 27 機関

日本工業所有権法学会規約

第1章　総　　則

（名　　称）

第1条　本会は，日本工業所有権法学会（Japan Association of Industrial Property Law）と称する。

（事 務 局）

第2条　本会の事務局は，理事会の決定した場所に置く。

第2章　目的及び事業

（目　　的）

第3条　本会は，工業所有権法に関する調査研究ならびに研究者相互の協力を促進し，あわせて内外の学会及び関係諸団体との連絡を図ることを目的とする。

（事　　業）

第4条　本会は，前条の目的を達成するため下の事業を行う。

　　　1. 研究会及び講演会の開催
　　　2. 機関誌その他図書の刊行
　　　3. 研究者の連絡及び協力
　　　4. 外国の学界との連絡及び協力
　　　5. 前四号に掲げるものの外，理事会が適当と認めた事項

第3章　会　　員

（構　　成）

第5条　本会は下の会員により構成される。

　　　1. 正会員
　　　2. 維持会員
　　　3. 名誉会員

（正会員資格）

第6条　本会の正会員となることができる者は，下の資格の一を有する者で，正会員2名以上が推薦し，かつ理事会の承認を得た者に限る。

    1. 工業所有権法に関する学問的業績を有する者

    2. 工業所有権法を研究し，又はこれに関連する研究に従事する者

（入　　会）

第7条　正会員になろうとする者は，前条に定める資格を有することを証する書面を添えて理事会に申し込まねばならない。

（会　　費）

第8条　正会員は，総会の定めるところにより会費を納めなければならない。大学院生については，理事会の決定により特別の扱いをなすことができる。

（維持会員）

第9条　維持会員は，本会の目的に賛成し，本会の事業に寄与する者で理事会の決定した者に限る。

    維持会員は，研究会および講演会に出席し，ならびに機関誌その他図書の配布を受けることができる。

（名誉会員）

第10条　名誉会員は，学識名望があり，または本会に功労があった者で理事会で決定した者とする。名誉会員は会費を納める必要がない。

第4章　機　　関

（役　　員）

第11条　本会に下の役員をおく。

    1. 理事長　　1名

    2. 理事　　若干名

    3. 監事　　若干名

（理 事 長）

第12条　理事長は，本会を代表する。

    理事長は，理事会において互選する。

    理事長に故障のある場合は，理事長の指名した他の理事がその職務を代行する。

（理　　事）

第13条　理事は，理事会を組織し，会務を執行する。理事は，常務理事若干名を互選し，これに常務の執行を委任することができる。又，理事会は，会務処理のため必要な職員を置くことができる。

    理事は，総会において選任する。

　理事の任期は就任後３年内の最終の総会の終結時までとする。

（監　　事）

第14条　監事は，会計および会務執行の状況を監査する。

　監事は，総会において選任する。

　監事の任期は就任後３年内の最終の総会の終結時までとする。

（総　　会）

第15条　理事長は，毎年１回通常総会を招集しなければならない。

　理事長は，必要があると認めるときは，何時でも臨時総会を招集することができる。

　総会は正会員により構成される。

（議 決 権）

第16条　会員の議決権は平等とする。

　総会に出席しない会員は，書面により他の出席会員にその議決権の行使を委任することができる。

　総会の議決は，出席会員の過半数によって決する。

　可否同数のときは，理事長がこれを決する。

（除　　名）

第17条　理事会の決定により，会費を滞納した者，又は本学会の名誉を傷つけた者を除名することができる。

（規約の変更）

第18条　本規約を変更するには，総会における出席会員の３分の２以上の賛成を得なければならない。

（解　　散）

第19条　本会を解散するには，総会員の３分の２以上の賛成を得なければならない。

附　　　則

1. 本規約に定めのない事項については，理事会の認定により，民法の規定を準用する。
2. 第１回の理事及び監事は，創立総会においてこれを選任する。
3. 理事会の決議により事務局の支部を関西に設置することができる。

瀧野国際特許事務所　　　　　104-0061　東京都中央区銀座 5-13-16
　　　　　　　　　　　　　　　　　　　　ヒューリック銀座イーストビル 4 階

弁理士法人　筒井国際特許事務所
　　　　　　　　　　　　　　　160-0022　東京都新宿区新宿 2-3-10
　　　　　　　　　　　　　　　　　　　　新宿御苑ビル 3 階

中村合同特許法律事務所　　　　100-8355　東京都千代田区丸の内 3-3-1
　　　　　　　　　　　　　　　　　　　　新東京ビル 6 階

弁理士法人　はなぶさ特許商標事務所
　　　　　　　　　　　　　　　101-0062　東京都千代田区神田駿河台 3-2
　　　　　　　　　　　　　　　　　　　　新御茶ノ水アーバントリニティ 5 階

弁理士法人　深見特許事務所
　　　　　　　　　　　　　　　530-0005　大阪市北区中之島 3-2-4
　　　　　　　　　　　　　　　　　　　　中之島フェスティバルタワー・
　　　　　　　　　　　　　　　　　　　　ウェスト 26 階

弁理士法人　みのり特許事務所
　　　　　　　　　　　　　　　604-0835　京都市中京区御池通高倉西入
　　　　　　　　　　　　　　　　　　　　千代田生命京都御池ビル 8 階

ユアサハラ法律特許事務所
　　　　　　　　　　　　　　　100-0004　東京都千代田区大手町 2-2-1
　　　　　　　　　　　　　　　　　　　　新大手町ビル 206 区

企 業 会 員

積水化学工業株式会社　　　　　105-8566　東京都港区虎ノ門 2-10-4
　　　　　　　　　　　　　　　　　　　　オークラプレステージタワー

日清食品ホールディングス株式会社
　　　　　　　　　　　　　　　160-0022　東京都新宿区新宿 6-28-1

日本化薬株式会社　　　　　　　115-8588　東京都北区志茂 3-31-12

執筆者紹介 （学会開催時）

山　本　真祐子　　群馬大学情報学部講師

吉　田　悦　子　　大阪工業大学知的財産学部准教授

駒　田　泰　土　　上智大学法学部教授

愛　知　靖　之　　京都大学大学院法学研究科教授

山　内　貴　博　　弁護士・弁理士・米国ニューヨーク州弁護士

横　溝　　　大　　名古屋大学大学院法学研究科教授

中　山　信　弘　　東京大学名誉教授

種　村　佑　介　　早稲田大学法学学術院教授

ボーダレスエコノミーと特許権の属地性

日本工業所有権法学会年報　第47号（2023）

2024 年 5 月 20 日　初版第 1 刷発行

編集兼 発行者	日本工業所有権法学会
発売所	株式会社　有　斐　閣

〒101-0051
東京都千代田区神田神保町 2-17
https://www.yuhikaku.co.jp/

制作　株式会社有斐閣学術センター
印刷・製本　萩原印刷株式会社

ISBN 978-4-641-49010-9

── (既刊) ──

日本工業所有権法学会年報

(1)	工業所有権法の現代的課題	224 頁	品切
(2)	ヨーロッパ工業所有権法の諸問題	230 頁	品切
(3)	特許制度の国際化への諸問題	120 頁	品切
(4)	研究者の発明保護の諸問題	240 頁	品切
(5)	工業所有権法における審判制度の諸問題	260 頁	品切
(6)	工業所有権法における審決取消訴訟の諸問題	188 頁	品切
(7)	パリ条約の現代的課題	208 頁	品切
(8)	不正競争防止法の基本問題	200 頁	品切
(9)	特許法における民事訴訟と行政訴訟	228 頁	品切
(10)	不正競争防止法の基本問題(二)	152 頁	品切
(11)	多項制に関する諸問題	204 頁	品切
(12)	意匠制度の現状と課題	154 頁	品切
(13)	企業秘密の保護	124 頁	品切
(14)	不正競争防止法の改正問題	196 頁	品切
(15)	GATT と知的財産権	172 頁	品切
(16)	実用新案法制の動向	202 頁	品切
(17)	バイオテクノロジーの法的保護	176 頁	品切
(18)	改正不正競争防止法をめぐる諸問題	162 頁	品切
(19)	知的財産権と並行輸入	190 頁	品切
(20)	知的財産紛争とその解決	344 頁	品切
(21)	デザインの法的保護	204 頁	品切
(22)	知的財産権と環境	200 頁	品切
(23)	先端技術分野における特許保護	198 頁	品切
(24)	特許権と強制実施制度	208 頁	品切
(25)	特許制度のハーモナイゼーション	192 頁	品切
(26)	知的財産と先使用権	256 頁	品切
(27)	特許関係訴訟と審判	184 頁	品切
(28)	営業秘密の保護	160 頁	品切
(29)	創作者の保護と知的財産の活用の相剋	218 頁	品切
(30)	知的財産法の現状と課題	310 頁	僅少
(31)	商標の保護	184 頁	僅少
(32)	発明の本質的部分の保護の適否	288 頁	僅少
(33)	特許制度と競争政策	176 頁	僅少
(34)	侵害訴訟と無効の抗弁	320 頁	僅少
(35)	通常実施権の当然対抗	236 頁	僅少
(36)	イノベーションと特許政策	224 頁	僅少
(37)	商標の使用と権利侵害	208 頁	僅少
(38)	均等論, 覚醒か死か	288 頁	僅少
(39)	知的財産権の帰属	288 頁	僅少
(40)	特許にすべきものは何か	248 頁	僅少
(41)	特許権侵害に基づく損害賠償	282 頁	僅少
(42)	商標権の効力の制限	224 頁	僅少
(43)	意匠法改正の検討	244 頁	僅少
(44)	進歩性	264 頁	本体 3700 円
(45)	植物新品種等の知的財産法による保護	248 頁	本体 3500 円
(46)	サプライチェーンにおける特許権侵害	272 頁	本体 3800 円

* 残部僅少号のお問合せは学会事務局（E-mail:jaipl-jim@jaipl.org）にお願い致します。